本书受上海市教师专业发展工程领导小组办公室资助

主编　魏耀发　朱连云

科研的高地　心灵的家园

上海三联书店

目　录

第二编　新起点　站在高处飞翔

一　在跨越梦想中成长

二　在团队合作中成长

三　在实践研究中成长

一 教育科研引领基础教育新发展

在经济合作与发展组织（OECD）举办的 2009 年、2012 年两次国际学生评估项目（Programme for International Student Assessment，PISA）测试中，上海均取得第一名的好成绩，不久前公布的"教与学国际调查（TALIS）"中，上海的师资质量又受到全球瞩目。自 2009 年上海首次参与 PISA 测试，连续两届的测试成绩都遥遥领先其他国家和地区。这样的成绩，引起了国内外教育界的关注，许多学者对上海教育的成功做了深入分析和研究。

（一）稳定的教师培养、支持和管理方式

2016 年，世界银行发布了上海的教育体系研究报告《上海是如何做到的？》。世界银行高级教育专家、中国教育主管梁晓燕指出："上海市教育体系最突出方面之一在于其教师培养、支持和管理方式。教师是提升学校教育质量的核心所在。教师这一职业颇受人们尊敬，其原因不仅在于教师可获得合理、稳定的工资收入，还在于其教学有方，是真正的专业

人士。"[1]

世界银行测评发现,上海教师需参加严格的上岗前培训,并在上岗后得到持续的专业发展支持,这一切基本上在合作和支持的氛围中进行。数据显示,上海教师平均约将其三分之一的工作时间用于课堂教学,其余时间则用于备课、批改家庭作业、听其他教师讲课,并参与其他各种形式的专业发展活动。此外,上海教师需要接受系统的考核,要求必须经过一年试用期,能够因表现优异而获得奖励,也有机会根据绩效获得晋升资格,同时,校长也是教学带头人。

(二) 强有力的教研与教师队伍

有关上海在 PISA 中取得的良好成绩的研究众多,其研究结论有一个共同指向,即聚焦于中国特有的教学研究体制(及相应的制度),认为这一体制帮助和促进教师经常地、有组织地对教学工作进行专业的研讨和交流,从而保证了教学质量的提升,特别是在教育总体条件,包括师资队伍的学历水平都不太理想的情况下,确实起到了重要的作用。[2]

美国哥伦比亚大学教师学院教育政策研究所主任汤姆·考可郎(Tom Corcoran),在其归纳上海教育取得成功的因素中郑重提到师徒带教、教研频繁的听课指导等方式。[3]中国香港教育学者程介明也指出:这样的教研体制是一种中国特色,它让教师经常地、有组织地进行专业的研讨与提高,而这恰恰是其他国家难以比拟的。[4]

此外,2016 年,由教育部课程教材中心主办,上海市教育委员会教学研究室承办的"第三届全国基础教育课程教学改革研讨"会上,与会专家、学者对上海基础教育改革经验进行了总结。[5]上海市教育委员会副主任贾炜指出:上海已进行了近30年的教学改革,在二期课改中,数学学科课程改革率先进行,发挥了重要作用。上海数学教育的改革坚持"连贯一致"的改革思路,积极推进、体现海派文化的数学课堂改革,不断壮大强有力的教研、教师队伍,这些保证了上海数学教育在改革中不断发展,海派文化的数学课堂有自己的突出特色。上海的数学教育处在近代东西文化交融的有利位置,海纳百川、广泛汲取、精细研究、实践融合,是上海数学教育的典型特征。

鼓励教师的课堂研究、教学相长,从而形成了强而有力的教研与教师队伍,成为上海数学教学改革的有力保障。

(三) 成熟的"教师指导系统"和"大教研"格局

上海基础教育经验宣传推广数学教育改革专题组相关专家指出,上海数学教师的培养,注重以数学教学的实践技能为核心,帮助教师立足课堂主阵地、关心每个学生,并形成了相对成熟的教师指导系统。[6]上海的教师发展指导者队伍来源具有多样性,建立了高校、教研、科研、培训、信息技术部门等共同组成的教师教育资源联盟,重心下沉到数学课堂,讲究课前的教学设计,突出课后的反思改进。在培养模式上,以"行动教育"为代表的提升数学教师实践技能的模式,强调以课例为载体、通过"三实践、两反思"达到"以例识理"(更新理念)、"行而知之"(改变行为)的效果。

上海的市、区、校三级教研体系,是对上衔接顶层设计、对下衔接课堂操作的纽带,形成了"用科研的方式做教研、用教研的思维做科研"的"大教研"格局,教科研不分家已成为既定的事实。正是这种"大教研"的格局,形成了中小学数学教师用科研的方式解决课堂教学中实际问题的氛围,产生了一批引领中小学数学课堂教学的实践研究成果。

参考文献：

【1】 世界银行高级教育专家、中国教育主管梁晓燕是这份报告的主笔,报告由她的团队与上海师范大学国际与比较教育研究院教授张民选团队在过去两年时间里合作完成.

【2】 朱连云,彭尔佳著.教师发展指导者:课堂教学临床指导研究［M］.上海:上海教育出版社,2016:序.

【3】 丛立新.沉默的权威——中国基础教育教研组织［M］.北京:北京师范大学出版社,2011.

【4】 程介明,闫温乐.PISA 之后再谈教育改革——香港大学教育学院程介明教授专访［J］.外国中小学教育.2014(11).

【5】 杜悦.从"海派课堂"萃取数学教改经验——第三届全国基础教育课程教学改革研讨会侧记［N］.中国教育报,2016－11－23.

【6】 杜悦.从"海派课堂"萃取数学教改经验——第三届全国基础教育课程教学改革研讨会侧记［N］.中国教育报,2016－11－23.

二　心理健康教育促进基础教育新发展

长期以来,教育事业重视"育分"而忽视"育人",重视人才的培养但忽视了人的素养的提升,重视教师的学科素养但忽视了教师的专业道德素养。要改变这一现状,发展教育,必须改革。而教育综合改革正是要改变这一现状,即从单向度"育分"改革到全方位"育人",让教育教学回归教书育人。

我们知道,育人的基础是道德教育,让"立德树人"真正作为教育的根本任务,就是要在工作中把德育放在首位,把促进学生健康成长作为学校一切工作的出发点和落脚点,即学生先做人,再学艺;对于教师来说,就是教师先做人,再授艺。而育人之本,心育为先。心理健康是中小学生德、智、体、美诸方面全面发展的基础和保证,没有健康的心理,很难形成良好的品德。对智力发展和学习来说,健康的心理可以促进学生智力的协调发展,有助于提高学习效率,而意志薄弱、厌学等心理行为问题,则是影响学生学习的主要原因等等。可见,心理健康教育是实施育人的新的生长点和制高点,是加强和改善中小学德育工作一个有针对性的举措。

因为心理健康教育基本任务和主要目标是帮助学生更好地生活和学习,帮助学生更为全面的认识和了解自己,以实现学生社会适应能力和自主生活能力的有效提升;同时,对那些具有行动干扰和心理障碍的学生进行有效的心理帮扶,让他们尽快走出困境,更好地投入到学习和生活中。

自实施教育综合改革后,教育部乃至上海市教育行政部门越来越认识到中小学心理健康教育的重要性和必要性,陆续出台了多个文件,从各个方面进一步规范和加强中小学心理健康教育。如教育部下发《中小学心理健康教育指导纲要》(教基〔2002〕14 号),要求地方教育行政部门和学校要利用地方课程或学校课程科学系统地开展心理健康教育;要加强心理辅导室建设,切实发挥心理辅导室在预防和解决学生心理行为问题中的重要作用;加强心理健康教育师资队伍建设,建立一支科学化、专业化的稳定的中小学心理健康教育教师队伍。

为加强心理健康教育,2012 年,教育部办公厅发布《关于推荐首批全国中小学心理健康教育示范区的通知》,旨在总结推广各地在开展中小学心理健康教育方面的成功经验,更好地发挥其示范引领作用,决定在全国评选、确定一批中小学心理健康教育示范区。

教育部办公厅关于印发《中小学心理辅导室建设指南》的通知(教基一厅函〔2015〕36号)文件,对中小学心理辅导室的建设目标、功能、规格、管理做了具体规定和建议,明确要求心理健康教育教师享受班主任同等待遇,进一步科学规范学校心理健康教育工作。

此外,教育部还出台《教育部教师工作司关于中小学教师资格考试增加"心理健康教育"等学科的通知》(教师司函〔2017〕41号),将心理健康教育正式作为一门考试学科,满足考生的需求,鼓励和吸引更多的人从事心理健康教育工作。

上海市为了深化教育综合改革,促进本市心理健康教育内涵发展,也相继出台多个文件,如《上海市教育委员会关于开展上海市中小学心理健康教育达标校和示范校评估工作的通知》(沪教委德〔2013〕37号),确保学校普遍建立科学规范的心理健康教育服务体系,进一步提高学校心理健康教育工作的规范性和实效性。此外,《上海市教育委员会关于"十三五"期间加强中小学心理健康教育教师队伍建设的实施意见》(沪教委德〔2017〕12号)文件中强调,到2020年,配齐配足中小学心理健康教育教师,基本实现专职心理健康教育教师全覆盖,建设一支结构合理稳定、遵循科学规律、遵守专业伦理、专业能力过硬的中小学心理健康教育教师队伍。

心理健康教育是育人的重要途径,是中小学德育工作的重要举措,是中小学教育的重要内容。中小学教育要遵循学生身心发展规律,不断提高学生心理素质,培养学生良好的心理品质。同时中小学心理健康教育与基础教育课程改革目标一致,最终都是为了提高全体学生的心理素质,充分开发他们的潜能,培养学生乐观、向上的心理品质,促进学生人格的健全发展,这些都是新课程标准所包含的内容。可见,只有加强心理健康教育,基础教育课程改革强调的培养学生良好的心理素质和健全的人格的目标才能得以实现。

心理健康教育是基础教育的重要支点,用心理健康教育理念,开展育人工作,正悄悄地引领基础教育发生新的发展。现在的基础教育以促进受教育者全面发展、心理健康发展为目的,以教育规律、回归育人本原为教法遵循,教育教学质量关由重知识向重品德、重能力转变,而教师则以帮助学生成长为己任。

三　突破现实教育的种种困局,以"新作为"赢取新地位

当前,基础教育面临三大困局,分别是教学之困、教师之困、学生之困。

所谓教学之困,指广大基础教育关涉者,面对当前越来越纷繁复杂的教育教学改革形势,在课堂教学领域遇到阻滞,感到困扰,不知道如何重新认识课堂的本质,开展真正符合学生发展需求的课堂教学改革。要破解这方面的困惑,就必须借助基础教育科研的力量,引导教师开展基于实证研究的课堂教学研究。

所谓教师之困,指教师在个人专业成长、职业生涯规划等方面遭遇的困惑、停滞。一般而言,教师要经历两次专业发展的挑战,第一次是适应教育教学的基础要求,站稳讲台,成为合格的学科教师;第二次是适应教育教学的更高要求,找到个

人的专业优势,穿越高原期,成为真正专业的学科教师。这个过程中,基础教育科研同样起着重要的"加油站"作用,借助教育科研,教师能更好地突破个人发展瓶颈,实现二次成长。

所谓学生之困,指现实教育的种种困局,最根本、也是最当务之急需要解决的其实是学生在学习过程中遭遇的困难、困扰。当前,中小幼学段都在倡导学生快乐、自主、高效地学习,但是学生的学习过程依然存在明显的被动、机械、低效现象。班级生活中过度的学业竞争,造成大面积学生的学习心理动力不足、缺少长远规划,更缺少基于多元智能、个体学习风格的深入研究的学习方法来切实指导。

基础教育心理学科骨干教师,作为最靠近广大教师、学生的研究者,对上述基础教育之困局有着切身的体悟,能发挥自己的专业特长,帮助身边的教师开展真实的课堂教学改革研究、学法指导研究。他们的"新作为"可以为身边的教师提供教育、心理层面的行动研究示范,他们也必须通过这样的研究,才能赢得广大基层教师的信赖,赢得学生的喜爱。所谓以"新作为"赢得新地位,说的正是这个道理。基础教育心理学科的地位与价值,不是靠少数专家、学者的呼吁就能真正确立起来,必须建设起这样一支基础教育心理学科的骨干教师团队,以实际行动,以看得见的教育教学研究成果,带动身边的教师一起行动,一起做破解教育困局的生动的实践研究。

四 基础教育科研、心理学科骨干教师的成长

在基础教育改革走向深水区的今天,学校教育科研的重要性日益凸显,中小学生心理健康教育的地位也日益提升。

但要将这种重要性真正落实到教育教学实践中，离不开基础教育科研、心理学科骨干的作用发挥。科研、心理骨干教师，他们是每个区域科研和心理健康教育师资队伍的中流砥柱，在教师群体中发挥着示范、引领和推动的作用。

基础教育科研、心理学科的骨干教师们了解教育对象，熟悉教育教学方法，有着丰富的教育实践经验，有较强的教育科研意识，处于科学理论与教育实践的"中介"地位，他们的积极参与，无论对教育科学的发展或是教育实践的推动都具有非常重要的意义。他们自身的成长过程很有研究价值，由他们自己开展相关的叙事探究，形成可读性强、示范性和反思性兼具的叙事研究报告，可以有力地支持区域内外其他教师（含心理教师）的专业素质、教育能力和专业成长提升。

如何开展这样的叙事探究？本书就是一次尝试，我们八位基地学员均以自己的成长为研究内容，撰写了叙事性的实践研究报告，力图真实呈现基础教育科研、心理学科骨干成长中研究以及关键事件、关键人物以及关键元素，相信对读者会有一定的启发。

（撰稿人：杨海燕、时丽娟、王丽琴、徐永梅）

第一编

新作为
促进教育改革的发展

一 破教学之困:课堂教学研究案例精选

(一) 快乐的课堂学习

——大班综合活动《上面和下面》教学探索

浦东新区天虹幼儿园　马驰瑛

浦东教育发展研究院　吕　萍

对于课堂学习,很少有人会问学生"你快乐吗?"、"你喜欢今天老师讲的内容吗?"等情绪类问题,更多会问"你理解或掌握今天学习的内容了吗?"、"还有不懂的地方吗?"等认知类问题。对教育教学效果的评价,较多关注人的认知等智力因素,而忽视情绪等非智力因素。

脑科学研究发现,情绪和认知同时存在于大脑之中,涉及不同的脑区。遭受创伤的心灵和长期处于警觉状态会使大脑过多分泌焦虑荷尔蒙,例如可的松,这种荷尔蒙会流遍整个大脑,导致脑部皮层(负责情感)和边缘系统区域受损。如果在年幼的时候就经常体验恐惧、紧张、焦虑或受到虐待,那么成年后,负责记忆的海马区域比正常童年的成年人要小。这样的孩子在成长过程中也比较敏感和警觉,即使很轻微的压力和恐惧都会刺激脑部释放更多的焦虑荷尔蒙,结果会出现多动、焦虑和冲动的行为。因此,我们倡导适于脑的学习,而这种学习是快乐的,而不适于脑的学习会给学习者带来不同程度的痛苦感受。

那么,当前儿童在课堂学习中快乐吗?带着这个疑问,我们走进了一所幼儿园,跟踪观察了幼儿学习情况,参与教师的教学全程;尝试从几个维度观察孩子学习时的快乐体验;引导教师从不同视角观察幼儿的快乐体验,从而给教师的教学提出有价值的意见和建议。

一 解读"快乐"

快乐属于一种情绪体验。情绪具有情景性、暂时性和明显的外部表现,其外部表现包括面部表情、姿态表情、语调表情。结合情绪的特点,这里的"快乐"更倾向于学习者在课堂学习过程中的积极情绪体验,在观察时主要看学生在学习过程中的情绪外在体现。从听讲(注意力)、参与活动、好奇心(问问题)、投入活动的持续时间、回答问题或表达时的声音大小等方面观察和收集信息。

在资料查阅、现场教学观摩、反复研讨的基础上,确定了体现学习者快乐的四个基本指标:

1. 面部表情——微笑、沉浸在情境中;

2. 动作表现——跟随教师做动作、拍手、积极举手、坐姿端正、积极合作;

3. 语言表达——积极提问、语音响亮、语调有变化、与同伴积极交流;

4. 注意力——是一种弥散性的因素,渗透在表情、动作和语言之中。重点关注(1)持续性:听讲、参与活动、做练习等方面投入时间与教学活动进程相匹配。(2)投入度:认真听讲、观察仔细。

表1 学习者快乐学习的行为表现

快乐学习	面部表情	1. 微笑
		2. 沉浸在情境中的神情
	动作表现	3. 跟随教师做动作
		4. 不自觉地拍手
		5. 积极举手
		6. 坐姿端正
		7. 积极合作
	语言表达	8. 积极提问
		9. 语音响亮
		10. 语调有变化
		11. 与同伴积极交流
	注意力	12. 投入度——认真听讲、观察仔细。
		13. 持续性——听讲、参与活动、做练习等方面投入的时间与教学活动进程同步

二 走进教学现场观课

在走进教学现场观课之前,我们先与任课教师进行了座谈,介绍了快乐学习的指标和脑科学的研究成果,在理念上达成一致;然后,与教师一起设计教学、准备教学资源;接着,进行观课和记录;课后进行研讨,提出意见和建议,教师改进教学。

下面结合大班综合活动(科学、语言)《上面和下面》进行具体阐述。

按照快乐学习的指标，我们对幼儿进行了观察和记录。总体来看，在大班综合活动(科学、语言)《上面和下面》中，幼儿学习较为快乐。主要体现在四个方面：

1. 快乐体现在幼儿的积极举手、踊跃发言中。因教师提出的问题贴近幼儿的生活经验，幼儿都积极作答。如教师问"你知道哪些蔬菜？"，幼儿马上给出了很多回答：西红柿、胡萝卜、白菜……有些幼儿给出了水果的名称，如苹果、橘子，教师及时给予纠正。

2. 快乐体现在幼儿兴奋的语调、仔细观察、与同伴交流、认真倾听、端正有点前倾的坐姿、沉浸故事之中的表情中。当幼儿看到大懒熊躺在椅子上睡觉时，都哈哈大笑，兴奋地和同伴交流。当老师在讲述故事的时候，他们都非常认真地倾听。

3. 快乐体现在持续地投入教学活动中。因教师提供的绘本故事趣味性很强，教学进行到 15 分钟时，幼儿能注意力集中地投入学习。

4. 快乐体现在幼儿自主合作、有序动手操作中。在分组操作可以吃蔬菜的哪些部位中，幼儿很开心地动手操作，与同伴相互商量，互相看对方是否和自己一样，如果不一样，就开始争论。

三　反思教学

整体来看，幼儿对教学内容本身感兴趣、教师的提问和回应比较适切，教学过程"热热闹闹"，幼儿开开心心，但是存在教师说得多、幼儿说得少，投放的操作材料过于简单等问题。

（一）反思教学过程

观察者把观察情况反馈给教师后，执教教师对整个教学进行了梳理和反思：我把绘本故事作为一个幼儿科学教学的中介媒材，想在不断地与孩子说故事和读绘本的过程中，经过聆听与欣赏的引导，带领幼儿进入绘本故事的文学与艺术的天地，引导孩子在感受故事有趣的同时，分清植物的根茎叶果实的食用部分。

活动中孩子们被故事中大熊有趣的形象深深地吸引了，但是在第一次出示大熊图片时，孩子们并不能一眼就辨认出大熊，（因为熊的姿势是躺倒在椅子上并且穿上了衣服，所以造成了孩子辨别的困难）在经过反复的仔细观察后，孩子们认出了熊，并且学起了它有趣的姿势。

在这个环节中，有老师提出：熊的图片并不是很清晰，是否可以换一张容易辨认的图。但是我认为在活动的开始，让孩子辨别图片，仔细观察对于孩子的思想注意力集中会有所帮助，让孩子更快的投入到我的活动中来。所以，在第二次的试教中，我依然保留了这张图片的使用。在为孩子们讲述故事的过程中，孩子们一直聚精会神的观察图片并且根据图片中的一些小细节来猜测故事，在猜兔子种的蔬菜是什么的时候，孩子们结合自己实际的经验，想到了兔子的生活习惯，最终顺利的猜出兔子种出的蔬菜。在猜测蔬菜的过程中，我发现孩子们都迫不及待地说出了自己知道的答案，并享受猜对答案的成功喜悦。在整个讲故事的阶段，孩子们全程被故事情节的发展所吸引，他们会为熊的懒惰而气愤着急，也会被兔子的聪明所折服。在讲述故事的环节里,孩子们紧紧地盯着画面,开动脑筋猜测并时不时发出小声的议论,这些都让我欣慰,说明活动的过程孩子们是感兴趣并快乐的。

当然在活动中,我也有些不足的地方。首先,在目标的制定上并不够准确,如何分清根茎叶,我没有详细地给出说明;此外,在操作的环节中,我投入了大量的蔬菜并且加入了一些水果,导致与目标不匹配,因为活动的重点应该是蔬菜。科学活动讲究的是严谨,现在有许多的蔬菜,我们会吃它的各种部位,所以如何把科学活动设计得更严谨也是需要考虑的问题;最后一点就是活动的名字是《上面和下面》,但是我在活动中并没有把"上面"和"下面"以什么为分界说清楚。

(二)调整教学活动

根据对教学思路和过程的反思,教师在第二次教学中主要做了以下三点调整,在教学中取得了比较好的效果。

1. 图片的调整。保留了原先的图片,以增加孩子观察的兴趣和注意力集中度,效果很不错。考虑到科学活动的严谨性,所以我在教学的目标设计上进行了调整:以故事为背景,了解常吃蔬菜的食用部分。

2. 增加教学环节。在活动的过程中,我把原先的三次分蔬菜,改为了两次分蔬菜,把原先解释得不清楚的上面和下面的概念解释给孩子听。在操作卡片的环节,我联系实际,提供了剪刀和蔬菜图片,让幼儿把平时不食用的蔬菜部分和食用的部分区分开来,模拟一个拣菜的过程。孩子们在操作的时候很认真,但是对于蔬菜的认知程度还不是很高,对于一些蔬菜孩子辨别不清。

3. 提供真实的图片。在我拿出了真实的蔬菜后,孩子们的情绪也达到了高潮,一个个迫不及待地想要帮助懒熊挑菜。整个活动中,孩子们都是快乐的。

四 感悟"快乐学习"

怎样才能让幼儿在一个活动中保持快乐呢?从活动中,执教教师做了如下总结:

1. 选材的切入点要抓住幼儿的兴趣点

幼儿的注意力很难集中,也不能长时间保持,因此在设计活动时要考虑孩子的心理特点,从幼儿的兴趣入手,吸引孩子的注意力。例如,这次的选材中,我牢牢抓住了熊的特点,以熊懒惰和多变的睡觉姿势为线索,使幼儿迅速地融入到课堂的氛围中,积极开动脑筋,并在观察图片时以各种方式与老师和课件互动,使得课堂氛围良好。

2. 选材要贴近幼儿的生活

幼儿科学教育活动的选材是实现幼儿科学教育目标的媒介,是科学教育活动设计与具体实施的主要依据。一个活动的成功与否,内容的选择是至关重要的。《幼儿园教育纲要》中对科学教育的内容界定为"引导幼儿对身边常见事物和现象的特点、变化规律产生兴趣和探索欲望"。

本次活动来源《有用的植物》主题。我们最近一直在研究植物,所以孩子们对于植物的认知程度达到了一定的标准,也乐于去观察和研究植物。在第二课中,我把教学目标定位在孩子们常见蔬菜的食用部分,并在最后以实物的方式进行呈现和操作,既贴近幼儿生活又能让孩子真实感受到蔬菜,从而产生探索的欲望。

3. 设计互动环节提升兴趣

幼儿学习的持续时间相对较短，所以安静的时间段，培养幼儿的注意力，活动的环节，让孩子适当动起来，可以消除集中注意的疲劳，从而提高学习效率。

在活动中，我设计了两个操作环节。第一是让幼儿操作材料包，模拟爸爸妈妈在家拣菜的过程。第二次操作更具真实性，出示了真实的蔬菜，让幼儿直观感受蔬菜，以层层递进的方式，帮助幼儿体验活动的快乐。

所以，依据快乐教学的原则，每次在活动后，孩子们都很享受学习的快乐，意犹未尽。我希望孩子们都能体会到学习是件快乐事儿，所以我也会为此不断努力设计好每一次的活动。

通过本次带着理念走进教师，与教师共同研课，我们深刻体验到：课堂学习是否快乐受到多种因素的综合影响，如教师自身的素养、内容的吸引性、提问的适切性和开放性、教学组织形式的多样性等。教师在准备教学时应该充分关注到这些内容。对幼儿来讲，课堂学习是否快乐，与教学内容的趣味性、提问的适切性有直接关系。

附件 1：大班综合活动《上面和下面》两次的教学设计

	第一次教学设计	第二次教学设计
活动目标	1. 了解、辨别蔬菜不同的食用部位，喜欢吃蔬菜。 2. 在同伴面前能大胆表达自己的想法。	1. 以故事为背景，了解常吃蔬菜的食用部分。 2. 知道劳动果实是来之不易的，只有通过自己辛勤的劳动才能有收获。
活动准备	PPT；蔬菜图片；幼儿操作卡；胶水等	PPT；蔬菜图片；幼儿操作卡；胶水

	第一次教学设计	第二次教学设计
活动过程	一、谈话导入,引发兴趣 师:今天我们来说一说蔬菜,你知道哪些蔬菜?你知道吃蔬菜的原因吗? 小结:原来蔬菜有很多品种,不同的蔬菜有不同的营养,让我们的身体更健康。所以我们应该样样蔬菜都要吃。 二、出示图片,引出故事 今天马老师带来了一个关于种菜的故事。故事的名字叫《上面和下面》。 1.兔子第一次种菜 ① 讲述故事 ② 猜蔬菜:兔子要的下面那半是种在泥土里,看不见的菜,那会是什么菜? ③ 小结:有的蔬菜就像胡萝卜、萝卜一样,是长在泥土里的,我们是吃它们的根。 2.兔子第二次种菜 ① 继续讲述故事 ② 猜蔬菜:兔子要的是上面那半的菜,那会种什么菜呢? ③ 小结:原来有的蔬菜可以吃叶子和茎。 ④ 那你还知道有哪些蔬菜是吃叶子和茎的呢? 4.兔子第三次种菜 ① 继续讲述故事 ② 猜蔬菜:丰收的日子又到了,这次兔子种的是长在藤上	一、认识故事中的主角 1.认识主角 师:今天马老师带来了一个故事,我们一起来认识一下故事的主人公吧。 小结:睡觉的大熊和小兔子一家之间有一个很有趣的故事,我们大家来一起欣赏故事《上面和下面》吧! 二、欣赏故事,认识蔬菜 1.兔子第一次种菜 ① 讲述故事(大懒熊很富有,它拥有许多地,可是它从不打理,它最喜欢做的事情就是睡觉,于是,兔子就向大懒熊租了一块地,它们说好了,收成一人分一半,分成土的上面和土的下面。第一次种菜,熊说,这次的蔬菜,我要长在土上面的部分。) ② 猜蔬菜:兔子要的下面那半是种在泥土里,看不见的菜,那会是什么菜? ③ 小结:有的蔬菜就像胡萝卜、萝卜一样,是长在泥土里的,我们常吃它种在土里的部分。 2.兔子第二次种菜 ① 继续讲述故事(有了第一次的教训,熊说,那这次收成,我要长在土下面的部分。) ② 猜蔬菜:兔子要的是上面那半的菜,那会种什么菜呢?这是蔬菜的什么部分呀?

11

（续表）

	第一次教学设计	第二次教学设计
活动过程	的菜，会是什么菜呢？我们来看看。黄瓜是的哪个部分呢？ ③ 小结：黄瓜在藤上的，既不是吃上面那半叶子和茎，也不是吃下面那半根，是吃它的果实。 5. 小结：兔子种了三次菜，让我们知道了不同的蔬菜吃的是不同的部位，有的蔬菜是吃根，还有的蔬菜是吃茎/叶，有的蔬菜是吃果实。 三、幼儿操作，试着分菜 1. 继续讲述故事 师：得知兔子先生有那么多的收获，大懒熊也开始种起了菜。可是在收获的时候，大懒熊遇上了点小麻烦，它分不清楚哪些蔬菜可以吃哪些部位。它想请小朋友帮帮忙。 2. 提出分菜的要求 3. 幼儿分小组分菜，教师观察指导 4. 小结：大熊非常感谢大家，不过它说：蔬菜不仅可以吃果实、吃根、吃茎叶，吃花，其实生活中还有一些蔬菜，还可以吃其他部位，它想请小朋友回去再找一找，下次来告诉它，好吗？	③ 小结：原来有的蔬菜我们常吃它长在土上的部分。 ④ 那你们平时常吃的蔬菜，哪些你常吃上面的部分哪些你常吃下面的部分呢？ 三、分菜，区分蔬菜可以吃的部分 1. 继续讲述故事 师：看着兔子有那么多收获，大熊决定自己种菜。这次大熊种了很多的菜，收获的时候它分不清楚了。现在它想请小朋友来帮忙，谁愿意帮大熊把这些蔬菜按照吃的不同部位来分一分呢？大家都愿意呀，那好，我们一起来帮助他。 2. 分菜 师：这里有记录卡，请幼儿把常吃的部分和不常吃的部分分别放到相应位置。 3. 幼儿分小组分菜，教师观察指导 4. 验证调整 大熊最后得到的蔬菜是哪里来得呀？ 小结：是呀。只有通过自己的劳动，才能真正得到收获。

（续表）

	第一次教学设计	第二次教学设计
活动过程	四、延伸活动 1. 回家找各种蔬菜，分一分可以吃它的什么部位。 2. 和小朋友交流自己的调查成果。	大熊非常感谢大家，帮它一起来分菜。马老师从大熊这里拿来了一些它最近种出的蔬菜，我们一起来看一看，分一分吧。 四、延伸活动 1. 回家找一找吃不同部位的蔬菜。 2. 和爸爸妈妈分享自己的经验。

（二） 小组合作学习的课例研究

浦东教育发展研究院　杨海燕

上海市高东中学生源结构多元，学生之间文化差异显著，如何通过课堂变革促进学生之间的融合发展是这所学校面临的重要挑战。为此，从 2011—2014 年，高东中学课题组主要成员和浦东教育发展研究院的几位科研员结成研究共同体，合作开展了持续的探索和实践。我们以"小组合作学习"的课堂教学为研究主题，开展系列的课例研究。

一　问题缘起

上海市高东中学地处浦东新区城乡结合部，是一所完全中学，外来务工人员积聚趋势比较明显。高中生源来自高东镇及周边区域，初中生源主要由城镇居民子女、外来务工子女、征地人员子女组成,其中外来务工人员子女占初中学生总数60%以上。生源结构多元化造成文化差异和冲突,学生行为规范的参差不齐,师生之间的教与学的矛盾突出,学校管理与家庭教育的衔接不畅,这给学校的管理和内涵发展提出了新的挑战。

为更好地解决这些问题,通过课题研究实现学校的可持续发展,2010年,高东中学申报并立项了区级课题"生源多元化背景下融合共振教育策略的实践研究",学校以课题为引领,课题负责人带领课题组全体成员,从学校实际出发,通过多渠道、多途径的教育教学活动,从管理、德育、教学等方面探索外来务工人员子女融入性教育,目标和理想是构建和谐校园,以实现不同生源之间的"融合与共振"。课堂教学是学校教育的主阵地,尤其在中学阶段,面对考试和升学压力,如何把课题与课堂教学紧密结合,开展课堂变革,在课堂中找到合适的研究主题和切入点成为摆在课题组面前的重要任务。

二 我们的行动和计划

(一) 确立课堂教学研究主题

课堂教学作为学校的基础性实践活动,其质量高低直接影响着师生的身心发展,并决定着师生学校生活的质量和生存状态。然而,课堂教学改革不是一个简单的、线性发展的变革过程,而是一个复杂的、动态的变革过程。加拿大当代著名教育家迈克·富兰(Michael Fullan)在《突破》中指出,如果变革没有在课堂教学中发生,那么这种教育变革就没有发生过。

结合课题,如何进行课堂变革,开展微观的课堂研究是科研人员和学校课题组成员所共同面对的重要课题。我们认为除了统一认识,认识到课堂变革的重要性外,重要的是要确定一个研究主题,让教师能够围绕研究主题进行课堂教学的探索和实践。因为"一个明确的主题能够帮助所有参与的教师明确目的,明确研究活动对他们和其他人的价值;明确的主题也能够使所有参与者的注意力集中到解决教学中的主要问题上来,让参与教师的时间得到有效的使用,也使得有关的资源得到合理的分配"。[1]基于这些理论和认识,我们经过多次讨论,根据学校生源实际状态和教师以往教学中遇到的问题,把本次课堂研究的主题定为"教学中如何开展有效的合作学习",并开展一系列的课例研究。

(二) 明确研究的出发点和思路

有了研究主题之后,课题组组织教师研读了小组合作学习的相关理论著作,科研人员还对教师进行了小组合作学习和课例研究的专门讲座和培训。为鼓励课题组教师参与研究的积极性,在与教师的交流和沟通中,我们科研人员一致强调,本次课堂研究我们不直接对老师的教进行评头论足,主要是聚焦小组合作学习,重点关注学,关注学生的进步度、关注高水准地设定合作学习的课题,关注"旨在冲刺与挑战的合作学习"是否实现。

在整个研究过程中,我们聚焦于小组合作学习中的关键问题,运用课堂观察、访谈、聊课、录像分析等,对小组合作学习中出现的问题做出判断和分析,以学论教,终极目标是让学生更有效地合作和学习。

三 持续的教学行为改进——6次小组合作学习研究课的实践

我们在研究中一直鼓励教师进行持续性的教学行为跟进,这也是课例研究所倡导的。因为"行为改进"是帮助教师用行动和反思这两种方式,透过经验进行学习的具体过程。这种学习是一种连接过去行动和未来更有效行动的关键,是思想和行动的建构性反思。在这个过程中,参与教师的兴趣和注意力集中在将要采取的行动上,教师们将通过集体讨论形成的新方案、新设想,通过自己的建构性思考之后,再来实践一次即"做"一遍。[1]这时的"做"绝非是简单的"做",而是教师深思熟虑之后的有意识地做,是教师将各自的经验整合之后,提炼出新经验运用于新情境的过程。确切地说,这个过程又是教师经验提升,建构个人理论的过程,在教师成长过程中是非常有价值的。

基于这样的理论和认识,在课题组大部分教师都上过研究课后,我们选取了预备年级的数学学科曹哲晖老师作为"领航教师"。在科研人员的专业引领和同伴的互助下,曹老师在自己所任教的班级中,近一年的时间里,围绕小组合作学习研究主题,共开展了6次研究课(表1)。每次听完课后,我们会根据课堂观察的情况,有重点地对学生访谈。走出"课堂",我们研究团队会跟曹老师一起"聊课"。根据观察结果反馈,发现孩子学习中的困难和问题,以此对教师的教学提出改进建议,并明确下一次研究课重点观察和研究的问题。

表1 小组合作学习6次课例实践

次数	关注点	人数	问 题	改进策略	目的和成效
第一次	组织分组	8	坐在边上的学生往往成为"客人"	减少人数	杜绝小组学习中出现"客人"
第二次	组织分组	6	坐在边上的学生往往成为"客人",为了让学生有充分的时间开展合作学习,尝试引入个人学习单	减少人数	杜绝小组学习中出现"客人"
第三次	个人学习单的使用	4	有了个人学习单,每个人都有事可做,但往往各自为政,缺少实质性合作	设计合作课题	4人小组的单位,对于所有成员彼此平等倾听的学习关系是最合适的
第四次	合作学习单的使用	4	有了合作课题,合作质量提高,但学生的合作性思维仍没有充分被激活	高水准的设计合作学习的课题	合作学习成功与否,取决于能否设定适当难度的课题
第五次	合作课题的设计	4	有了较高水准的合作课题,一题多解、发散性;但合作时机的把握还欠佳	抓住合作学习的时机	能够抓住时机实施小组学习,使所有学生都能够致力于"冲刺与挑战",是教学成功的关键
第六次	合作课题的设计、合作时机的把握	4	合作时机把握比较恰当,在课堂教学进入高潮阶段,学生思维被充分激活时,及时开展小组学习。 合作课题设计合理,有活动作业,组内合作动手实践,组间分享表达,激活了学生合作性思维,同伴之间出现了见解多样的交流。		

四 思考和讨论

（一）小组合作学习是保障每一个学生学习权的必然选择

所谓"学习"，是同客体（教材）的相遇与对话；是同他人（伙伴与教师）的相遇与对话；也是同自己的相遇与对话。我们通过同他人的合作，同多样的思想的碰撞，实现同客体（教材）的新的相遇与对话，从而产生并雕琢自己的思想。从这一意义上说，学习原本就是合作性的，原本就是基于同他人合作的"冲刺与挑战的学习"。[2]

但教育教学的实际情况是尽管合作学习的意义为众多教师所知，但是实施合作学习的教师却是凤毛麟角，为什么有很多教师不愿意开展合作学习呢？这里最大的原因在于，每一个教师的意识都聚焦于"上课"的展开，却未能面向每一个学生的"学习"，因此需要教师教学观念的根本转变，每一个学生"学习"的实现必须成为"上课"的诉求。

在我们听课的课堂中，只要合作学习真的发生了，课堂就是灵动的，有生命力的，每个孩子都洋溢着喜悦和微笑，课堂随时都可能爆发出思维的火花。教师寻求的不是传授教科书知识的效率，而是丰富每一个学生的学习经验的效率。

（二）小组合作学习成功与否，取决于能否设定适当的合作学习问题

根据建构主义理论，学习的过程是一种分享，一种肯定，通过同伴之间的相互讨论、辩证、澄清而建构出自己的知识体系。好的合作学习问题是小组合作学习赖以顺利进行的首要条件，也是合作学习具有教育价值的基础。一个好的合作学习问题能够引起学生的兴趣，激活学生的思维，从而能使合作

学习得以更加深入地进行。

一般来讲,一个好的合作问题需要具备以下几个特点:第一,问题要具有开放性。一个开放性问题在培养思维的灵活性和发散性方面有其独特的作用。第二,问题要具有很强的探索性。该问题在实施过程中能激发起学生的探究愿望,能让学生更深入地挖掘出问题深处的内涵,促进学生对问题进行重新思考从而能够提出新的问题。第三,问题要有一定的现实意义。所谓设计的问题要具有一定的现实意义,不仅是指要考虑到与学生的实际生活有紧密联系的一些相关问题和知识,而且设计出来的问题能有利于学生掌握相关的数学知识和思想方法。教学中渗透数学思想方法能使学生终身受益,这也是课程改革所倡导的。第四,问题要有层次性。所谓层次性指的是问题里面含有各种各样的小问题,有难、中、浅,适合各层面学生的需要,从而形成一串问题链。

(三)能够抓住时机实施小组学习,使所有学生都能够致力于"冲刺与挑战"是教学成功的关键

小组学习的核心意义在于"为了冲刺与挑战的合作学习"。[3]当有以下几种情形出现时,就比较适合进行合作学习。第一,当教学过程中只有几个学生举手,多数学生浮现出困惑的表情的时候,就应当马上组织"合作学习"。几乎所有课堂在后半段都是依靠少数举手的学生进行的,能够转入小组学习,是保障所有学生"冲刺与挑战"的决定性关键。第二,在课堂教学进入高潮阶段,也必须组织小组学习。第三,合作交流之前,必要时应给与学生充分的时间进行独立思考。在学生没有经过独立思考的基础上就进行小组合作学习,会导致思考不成熟而讨论没有良效,同样也会使本来基础就不好的学

生在没有引导的前提下直接讨论而变得束手无策,从而只能当作小组中的"陪客"。因此没有独立的思考也就没有真正的合作,因为合作的基础来源于每个学生独立的见解,每个学生拿出自己的观点进行交流和碰撞,才能有利于学生的共同进步。

(四)建立研究者与实践者合作学习的共同体是持续性课堂研究成功的重要保障

在整个研究过程中,我们建立了教师与教师、研究者与实践者合作学习的行动主体,在研究中大家相互学习,共同成长。教师学会了"做中学",透过现象看本质,不单凭经验教学,加深了对学科本质的认识,对"教"与"学"本质的认识。在经过6次研究课的实践后,曹老师对教学的认识有了变化。

曹老师在教学案例中写道:

作为课堂的设计者和组织者,教师要对教学的每个环节做出应有的价值判断,看看这个环节是否符合教学内容,是否符合学生的认知水平。一旦教师设计的教学内容难度超过部分学生的认知水平,那么学生的学习就会被挡在这个教学环节上,停滞不前。有的小组能很快得出结论,而有的小组的学习单上的题目是空白的,那么很显然这些学生根本就没有参与到小组讨论中来,主要的原因在于没有给予这部分学生参与到这道题目的台阶,或者说题目的要求已经超出部分学生的认知水平。比如在《长方体的元素》教学中,给出的题目是"把一个长、宽、高已知的长方体切成两个一样大的小长方体,怎样切才能使增加的面积最大?增加的面积是多少?"要求学生直接在长方体上画出切痕,那么这是需要一定空间思维能力的学生才能完成的。我在备课时也自认为例题上的图例已经很直观,学生能很容易地在上面画出切痕。但是正是由于这部分学生缺乏空间想象的能力,使得他们在画的时候无从下手。

曹老师在"合作学习"的课例研究记录中写道:[4]

在学校的支持下,我加入了区里合作学习的研究团队,开始与陈静静、杨海燕等研究人员有了接触……

对第一次合作学习课的自我评价就是:粗线条,很多地方做得都很不细致,合作学习中需要关注的点完全没有意识到……

现在回想起来,第二次的课给我的收获是最大的,自己感觉研究人员无论是从小组形成的模式、合作的时机、教学内容的改善,都给出了很好的建议,我也深信这些建议在第三次合作学习中都能被运用,所以我也这么做了……

第三次的合作学习应该说在模式上基本成型,确定了合作学习应为课堂教学服务,在需要合作时进行小组变化并方便学生开展交流讨论……

由于临近期末考试,因此第四次合作学习选择了一节复习课《有理数及其运算》,好在是复习课,有许多提高或者拓展性的东西可以加入……

应该说,连续四次合作学习的开展,让我受益匪浅,从当初的粗线条模式,到对每个细节的把握都有了更深的理解。科研指导陈静静、杨海燕等老师对我的帮助绝对是巨大的。为此我也不断寻找新的教学环节和方法来吸引学生参与到课堂讨论中。既然是合作学习,那就需要磨合,一个学期,一年,甚至是整个中学阶段,能力的培养只能靠慢慢地积累和训练。

研究者在整个过程中,了解到当前课堂教学的实际,学习到教师的实践智慧。在合作研究中,"学思并重",即不仅从抽象的知识上去学习、省思,而且在实践中以行动来获得实际的体验。在行动中,不仅针对自己的行动体验,积极地建构有意义的个人知识,更重视让自己的思考成果回归到教师的课堂教学实践中,使之产生提高教育实效的结果。

参考文献:

【1】王洁. 教师的课例研究旨趣与过程［J］. 中国教育学刊,2009(10):84 - 85.

【2】佐藤学著,钟启泉译. 学校的挑战创建学习共同体[M]. 上海:华东师范大学出版社,2010:20 - 27.

【3】佐藤学著,钟启泉译. 学校的挑战创建学习共同体[M]. 上海:华东师范大学出版社,2010:33 - 34.

【4】陈静静等著. 跟随佐藤学做教育[M]. 上海:华东师范大学出版社,2015:201 - 208.

（三） 适于脑的"自主"学习课堂评价研究

——以小学四年级语文自主阅读课《我躺在波浪上读书》教学为例

浦东教育发展研究院　杨海燕

一 研究准备——构建"自主"学习课堂评价研究框架

（一）齐莫曼(Zimmerman)的自主学习研究框架

美国自主学习研究专家齐莫曼,提出了六维的自主学习研究框架[1]见表1:(1)为什么学;(2)如何学;(3)何时学;(4)学什么;(5)在哪里学;(6)与谁在一起学。

表1 齐莫曼(Zimmerman)六维自主学习研究框架

科学的问题	心理维度	任务条件	自主的性质	自主过程
1. 为什么学	动机	选择参与	自我激发	自我目标等
2. 如何学	方法	选择方法	有计划的	策略使用、放松等
3. 何时学	时间	控制时间	定时而有效的	时间管理
4. 学什么	学习结果	控制学习结果	对学习结果的自我意识	自我监控、意志等
5. 在哪里学	环境	控制物质环境	对物质环境的敏感和随机应变	选择、组织学习环境
6. 与谁在一起学	社会性	控制社会环境	对物质环境的敏感和随机应变	选择榜样、寻求帮助

此外,齐莫曼提出,学生的学习一般是不完全的自主学习。学生的学习一般介于完全自主学习和完全不自主学习之间,他们可能在某些方面是自主的,而在其他方面是不自主的。

(二)构建适于脑的自主学习课堂评价研究框架

学习和借鉴齐莫曼对自主学习的相关研究,我们开始了自主学习课堂评价研究框架的探索。首先我们提出了适合小学高年级自主学习课堂评价的四个维度,即(1)学习时间、(2)学习的社会性、(3)学习指导、(4)学习环境。

根据这四个维度,我们搭建了一个小学高年级自主学习课堂评价的研究框架(见表2)。

表 2 自主学习课堂评价研究框架(小学高年级)

维 度	内 容	观 察 点
1. 学习时间	给学生更多时间	课堂上有个体学习和小组学习时间
	适当的练习机会	(1) 真实的练习 (2) 多样化的练习
2. 学习的社会性	有同伴互助学习	小组学习中善于倾听、表达和寻求帮助
3. 学习指导	及时给予反馈	及时、有效、准确的反馈,让学生知道学习结果
	多种指导方式	对个体学习、小组学习、集体学习能进行灵活的指导
4. 学习环境	物质环境	(1) 课堂的座位安排 (2) 合适的学习材料
	课堂心理氛围	(1) 融洽的课堂人际关系 (2) 让学生体验成功

学习时间维度,有两项评价内容,一是给学生更多的个体学习和同伴学习时间,二是给学生提供适当的练习机会;

学习的社会性维度,主要考察课堂上是否有同伴互助学习,学习中学生是否善于倾听、表达和寻求帮助;

学习指导维度,主要是教师是否对学生的学习提供及时反馈和多种指导;

学习环境维度,包含两项评价内容,物质环境和课堂心理氛围。物质环境主要是考察课堂的座位安排是否有利于学生自主学习。课堂心理氛围主要看课堂的人际关系是否融洽,教师是否让学生体验成功。

二 研究实施——运用"自主"学习课堂评价研究框架观课

接下来,我们就以一节小学四年级的语文自主阅读课《我躺在波浪上读书》两次教学为例,运用我们制定的自主学习课堂评价研究框架,对本节课进行研究分析。

(一) 学习时间维度

根据课后整理的课堂录像,我们按照教学组织形式来计算学生学习时间。

1. 课堂学习时间分配

由表3我们发现,本节课上,学生共有9分钟时间在个体学习,完成学生任务单。有9分52秒的时间用于四人小组学习,有11分钟用于组间交流汇报学习。

表3 学生课堂学习时间分配统计

起止时间	用时小计	教学组织形式	学习任务
0:00~4:41	4分钟11秒	集体学习	导入新课,布置学习任务和要求
4:41~13:41	9分钟	个体学习	完成学习任务单
13:42~14:02	20秒	集体学习	教师进行课堂管理,明确下一阶段小组学习的任务和要求
14:03~23:55	9分52秒	小组学习	交流个人学习结果,填写学习任务汇总表
23:56~24:46	50秒	集体学习	课堂管理并明确下一环节组间交流的要求
24:47~35:47	11分钟	组间交流	每个小组有一个代表上来交流,中间有老师的指导和下面同学的质疑和讨论

2. 课堂练习内容

根据学习任务单的内容和要求,我们发现,本节课学生有较多的练习机会和练习任务。字、词、句、段的练习任务都有。

学习任务单:

1. 在不认识的字下面标上"·",并查字典注上拼音。

2. 用( )标出不理解的词,用你喜欢的方法理解词语(如查字典、找近反义词、联系上下文等)。

3. 用〰〰划出文中优美的语句,能写出所用修辞手法。用△△标在句中关键词下面。

4. 用＝＝划出文中的关键句(过渡句、总起句、中心句等),并注明。

5. 根据课文内容填空:

"奇迹"的本意是_____,死海创造的奇迹是:_____,创造这个奇迹的原因是_____。

6. 为"死海"做一张资料卡。

资料卡

名称:_____   别称:_____

地理位置:_____   地势特点:_____

总面积:_____   含盐量:_____

主要特点:_____

3. 观察结果分析

从课堂学习时间分配的情况看,学生有更多的自主学习时间(包括四人小组讨论和组间交流)共20分钟,个体学习9

分钟;从课堂练习内容的设计看,学生有较多的练习机会和练习任务。但练习形式单一,都是书面练习。

(二) 学习的社会性维度

主要从四人小组学习和组间交流情况考查学生学习的社会性程度。

1. 四人小组学习的课堂观察记录

组长 A 起了一定的带动作用,她依次按学习任务了解组员的预习情况,把组员交流的内容写在任务单上。当组员对某个问题有异议时,她组织组员讨论,并把观点写下来。

学生 B 在交流时,非常积极,不仅把自己的答案与大家分享,还提醒组长把大家交流的内容记在任务单上。

学生 C 非常积极,提出了不同的观点,还向组员充分说明了自己的理由。但 A 和 B 仍坚持自己的观点。

学生 D 比较内向,始终话很少。

2. 组间交流的课堂实录片断

• 生 2:我是第一小组的组长张丽婷,我们组不认识的字有:趄、絮脐、趟。

• 师:(下面有同学不停地举手)小朋友有异议了,这个字是谁查的? (教师手指点着"趟")这个字是谁选的? 你查过字典吗? 是第四声吗?

• 生 3:tāng。

• 师:哦,是 tāng,你写的是 tàng? 是谁错了?

• 生 2:这个字是多音字。

• 师:哦,这个是多音字,那在这篇课文应该是第几声?

• 生(全体):第一声。

师:第一声对吧? 那你下去改一下。

学生开始交流不认识的字。第一组上来交流了四个生字。下面有同学不停地举手，有异议。老师问到底是谁错了，学生3说是第一声，台上的学生2说这个字是多音字。老师接着追问，那在这篇课文里应该读第几声？全班同学齐声说第一声。

3. 观察结果分析

根据我们的课堂观察材料，得出的结果是，在学习的社会性维度上，四人小组学习，有分工，有合作，基本能做到相互倾听和表达想法。但个别学生游离小组学习，不能主动寻求帮助。组间交流时，学生能主动质疑，帮助同伴改正错误。

（三）学习指导维度

学习指导评价内容包括教师能及时、有效、准确的反馈，让学生知道学习结果，教师能提供多种指导方式。

1. 课堂实录片断

生9：我是第五小组的组长，我们找到的优美语句有：比喻句三句，排比句一句，拟人句两句。第一句比喻句在第三节：我们的汽车驶离安曼城郊，便沿着一条倾斜的公路急速下降，以至我的耳膜都感到了压力，很像飞机降落时的那种滋味。（发现学生出现错误，教师立即停下来，问）

师：这句是不是比喻句？你们同意吗？

生：不同意。

师：比喻句有什么特点？除了有"像"这个字之外，还有呢？

生10：还有把什么东西比作什么东西。

师：那这句句子里？

生：没有。

师：所以这句不是比喻句，你们这个小组都以为这是比喻句吗？你们再考虑一下。

2. 学习任务单完成情况

学习任务 3 的要求是:用～～～划出文中优美的语句,能写出所用修辞手法。用△△标在句中关键词下面。

> 见辽阔的海面上细波如鳞,那灰色的海水远接苍茫的天际。水面上没有帆影,没有海鸥,也没有一只其他的水鸟。这天游人不多,他们都坐在岸边阳伞的阴影里,观赏着这沉默的海。
>
> 我们顺阶而下,也来到岸边。我发现脚下的海水在轻轻地涌动,泛出一种奇特的光晕,五颜六色,像彩虹似的变幻。我蹲下去,在水底捞了一把,

> 见辽阔的海面上细波如鳞,那灰色的海水远接苍茫的天际。水面上没有帆影,没有海鸥,也没有一只其他的水鸟。这天游人不多,他们都坐在岸边阳伞的阴影里,观赏着这沉默的海。

以上两名学生都只划了句子,既没有写出所用修辞手法,也没有标出关键词。

> 而那变幻多彩的光彩正是这些结晶体反射出来的。死海其实是个内陆湖,总面积 1200 平方公里;水中含盐量特别高,达 33%,竟高于一般海水的 9 倍![1]

要求是划出优美语句后标出关键词,而这名学生没有划出句子,却把"△"符号标在了数字的下面。

课堂观察和课后查看学生作业发现,很多学生都没有按照题目的要求完成作业。原因主要有二:任务 3 的题目要求不够具体、明确;二是在学生独立完成作业和四人小组交流时,教师没有及时发现问题并提供指导。

3. 观察结果分析

因此,在学习指导维度,我们得到的结果是:组间交流出现明显知识错误时教师能及时、有效、准确的反馈,让学生知道学习结

果;但教师的指导还不够灵活。在个体学习和小组学习时,指导不够及时、有效。没有及时发现学生作业中的问题并进行指导。

也就是说,上课教师长期受集体教学的影响,当教学组织形式多样后,老师有些不适应,指导明显没有跟上。

（四）学习环境维度

学习环境维度主要考察三项内容:课堂的座位安排、学习材料和课堂心理氛围。

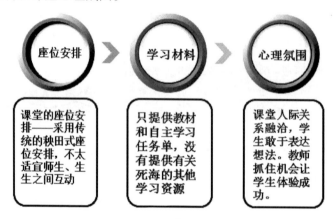

图1　学习环境维度观察结果

由图1观察发现,本节课课堂的座位安排仍然采用传统的秧田式座位安排,不太适宜学生开展小组学习和师生互动。学习材料除了课文和自主学习任务单,没有给学生提供有关死海的其他学习资源。课堂心理氛围维度,整体看,课堂人际关系比较融洽,学生学习比较放松,敢于表达自己的想法。教师也抓住机会让学生体验成功。

课堂实录片断

生12:这句话运用了列数据的说明方法。

师:同意吗?

生:同意!(有一位同学举手)

师:你来说用了什么?

生13:我认为还用了比较的方法。

师:恩,为什么?

生13:因为他这个上面说,1200平方公里、33%、九倍,这些都是列数据的,竟高于一般海水的九倍,把死海的海水和一般海水进行比较。

师:非常好,其他人有没有看出来?哦,佩服她,我们给她(生13)一点掌声。她看出来这句句子还用了作比较的方法。

三、研究建议——在教学情境中指导学生自主学习

根据自主学习4个维度的研究结果,我们对本堂课的评价建议是——在教学情境中指导学生自主学习(见图2)。

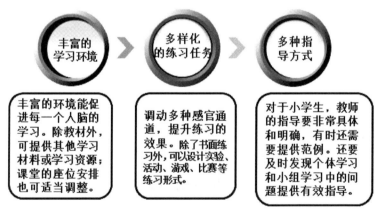

图2 在教学情境中指导学生自主学习

1. 给学生提供丰富的学习环境

"脑的学习会受环境的影响",丰富的环境能促进每一个人脑的学习。本堂课中,教师提供给学生的学习材料比较单

一,除了教材内容没有给学生提供有关死海的其他学习资料或资源。另外,课堂的座位安排也可以根据学习内容和教学组织形式进行调整,方便师生之间更好地交流。

2. 给学生提供多样化的练习任务

适于脑的学习是多感官通道学习,多样化的练习机会能使学生调动多种感官通道,提升练习的效果。

本堂课中,教师布置学生的练习都是书面的练习,对于小学生来讲,大量的书面练习材料容易造成学生的"审美疲劳",也可能限制学生在练习中的提高。除了书面练习外,可以设计实验、活动、游戏、比赛等练习形式。

3. 教师要采取多种指导方式

教学组织形式多样后,教师的指导方式也要变化和调整,要及时发现个体学习和小组学习中的问题并提供有效指导。

参考文献:

【1】 郑金洲主编:《自主学习》,福建教育出版社,2008 年版。

（四） 单元整体教学理念下的初中几何教学课例研究

上海市东昌东校　潘　清

浦东教育发展研究院　王丽琴

"单元"不是一个新的概念。从课程理论得知,单元是一个相对完整的教学过程,是实现教学目标的基本单位,也是学生发展知识、思维方法和情感态度价值观的基本单位。单元是一个教学系统,由若干节具有内在联系的课所组成。这些具有内在联系的若干节课相互间形成一个有机的教学过程,其知识、方法、态度等内容也集合成了一个统一的板块。

"单元整体教学设计"就是教师在对学科教材进行了完全的解读、剖析后,从一章或者一单元的角度出发,或将教学内容进行重组、整合,转化成符合学生实际的教学单元,根据章节或单元中不同知识点的需要及学生的特点,综合利用各种教学方法和教学策略,通过一个阶段的学习让学习者完成对一个相对完整的知识单元的学习。

现在提倡单元教学设计,与以往的单课独立教学设计相比,有很大的不同。单元教学的着眼点是"单元"。从教学内容看,单元教学以一个"单元"为相对独立的教学单位,强调从"单元"这个整体出发设计教学,突出内容和过程的联系性和整体性;从教学目标看,单元教学是一个相对完整的过程,在这个过程中,三维目标的有机融合和有效落实问题逐步得以实现;从教学方法看,单元教学不是对单元内各课题平均使用力量,而是依据学生的认知特点和某个单元的教学内容,整体把握本单元的教学目标后,把各个目标分配到不同的课时,系统的规划后再分课教学,最终高效达成目标的过程。

以前,我们的教学设计大多拘泥于单课时内容的就课论课,一方面缺少了整体上的把握,另一方面不利于学生对单元知识的整体理解和系统认识。因此,"单元教学"跟传统的单课时教学的一个明显的区别在于:前者是系统教学,后者是先分散后总结式的教学。单元教学要通过课时教学来实现,课时与课时之间的关系使得单元教学的效果大于个别课时教学效果的总和。

下面以市级中青年教师发展团队"课例研究课程化工坊"开展的"画三角形与三角形判定全等方法探索"的课例研究为例进行说明。

一 深度分析教学内容,理清知识脉络

三角形全等判定是欧氏几何的重要内容之一,上海教材安排在七年级第二学期学习,是实验几何向论证几何过渡的重要标志:一方面,判定定理的证明还没有采用严格的几何证明方法,而是更多地采用"叠合法"这种比较原始的实验几何的说理方法,特别是对于"S·S·S"并没有给出证明(要在八年级进行证明);另一方面,三角形全等判定定理的使用又是论证几何三段论的起步。学生在经历了平行线的判定与性质以及三角形全等的判定学习之后,逐渐感悟几何说理的规范性和严谨性,能规范地写出简单的几何证明过程,这是八年级进入论证几何的基础;同时,三角形全等的判定也是九年级学习三角形相似的基础,学生可以类比三角形全等的内容研究三角形相似的判定方法。

教材的编排顺序是:"画三角形"一课时,接下来"全等三角形的四个判定定理"(SAS、ASA、AAS、SSS)共六课时。"画三角形"之前,学生已经学习了全等三角形的概念和性质,按照教材安排,本课时是学习三角形的画法,根据给出的确定的已知条件,通过画三角形感悟、归纳三角形形状、大小唯一确定的条件;然后在随后的 6 个课时中逐一学习三角形全等的四种判定方法,并针对每个判定方法进行练习巩固;而这些练习巩固都

是围绕一种判断方法展开,有盲目套用格式的倾向,不利于学生综合、整体考虑问题,辨析、提炼定理条件的思维的培养,不可避免地落入机械训练的境地,导致新课程理念的虚化。

课例研究团队依据数学学科知识和能力的内在逻辑关系,对该知识单元进行整体考察和深入分析发现:在"画三角形"这个课时中"全等三角形判定"的理念已经全部出现了,全等三角形的判定方法(定理)已经呼之欲出,但这里却不出现"全等"二字,而是在后面每个课时通过复习、回顾前几课时的"画三角形"类型来过渡、引入全等三角形的判定。我们认为,按照这样的逻辑顺序开展教学,借用数学教育家弗赖登塔尔的"再创造"理论考察,似乎有人为的割裂倾向;其次,在学习了全等三角形的概念和性质之后,突然出现一节似乎与全等无关的"画图"课,似有割裂学生思维连贯性之嫌。为了检验我们的猜测和分析,课例实践前,选取了同年级按教材编排顺序已学习该单元内容的部分学生进行了访谈,从访谈中了解到七成以上学生不能很清楚阐明"画三角形"与"三角形全等判定方法"间的逻辑关联,这为我们接下来的尝试探索提供了重要依据。

二 架构整体教学框架,编织知识经纬

基于以上对知识内容以及学生学情的深入分析和探讨,我们课例研究团队决定尝试对本部分教学内容进行重新整合、整体架构,即在学习了全等三角形的概念和性质后,以"画三角形"这个操作活动为"饵",引导学生"钓"到"判定三角形全等的条件"这条大鱼。

以"画三角形"为支架和探索路径,直接对接"三角形全

等判定方法的提炼、归纳",即把教材中的两个学习内容整合、串联,形成一个完整的教学单元,用一个或两个课时达成教与学的目标。

确定了这条教与学的明线后,接下来就是如何铺设抵达目标的路径,即确定教与学的暗线,如"设计、选择怎样的问题作为教学的出发点?""确定怎样的活动形式展开探究?"、"选择怎样的教学模式更合理?"、"可能出现的境况有哪些? 如何应对?"等等,涉及很多具体环节的设计。

通过这样的整体架构,期望学生在操作、梳理、提炼、抽象、归纳的合作学习中,获得对知识的整体认识,形成一种"宏观"的思维图景。这样的设计思路切合上海市中小学数学课程标准的目标和理念,如总目标中提出"具有数学抽象、探索与应用等过程的经历和体验,掌握数学抽象以及探索、应用的基本方法";知识内容中指出要"加强实验几何与推理几何的有机整合,展现'实验—归纳—猜测—论证'的过程,感受数学发现、创造的历程";过程、能力与方法部分指出"经历从直观几何、实验几何到推理几何演进过程,体会直观认识与理性思考的联系与区别"、"能通过数学的操作实验或理性活动进行合情推理,提出猜想并进行判断"、"体会数学抽象、探索和应用的基本方法,初步掌握观察、操作、比较、分析、类比、归纳等数学实验研究的方法"。

当然,这种整体设计的教与学的探索需要一个长期的过程,不可能一蹴而就,但我们启程探索,这就是意义所在。

三 尝试多元问题设计,探寻活动路径

课例团队在正式的教学实践之前,几位参与教学设计的

数学教师分别预想、设计出几种置"饵"的方法,以求更合理、有效地引导学生在问题情境和实践操作中自主合作学习,讨论、辨析、抽象,逐步提炼出"确定一个三角形的条件",也就是"判定三角形全等的条件"进而归纳总结得到全等三角形的几个判定定理。

置"饵"方法	学生活动设计	教师设计的意图
第一种	1. 分工测量已知三角形的六个元素 2. 独立探究"画全等三角形",形成相异构想 3. 小组讨论 4. 汇报交流	1. 为避免学生通过上学期学的图形的运动画全等三角形,分散教学重点 2. 学生独立探究"画全等三角形",形成相异构想 3. 预计用角边角、边角边比较多,如果边边边或者角角边或边边角三种情况没有同学提出,备选题使用
第二种	生活情景引入: 　　由一块打破的三角形琉璃引出用哪一块残片可以配全等的三角形的问题,引出角边角的判定,再通过"画给定条件的三角形"总结出四条判定。 A B　　C	开放性不够,问题都是单向的

置"饵"方法	学生活动设计	教师设计的意图
第三种	生活情景引入:还是配玻璃问题,变换成从有一个角这一块入手,让学生尝试添加条件得到全等的三角形。 *A*	这样设计问题具有更好的开放性
第四种	学生操作:任意撕一个三角形,然后看哪一块可以复原为一个三角形。 *A* *B*　　　　*C*	操作可能出现:一边一角、一个角和两角一边的情况。分析否定一个或两个元素复原的可能,引入三个元素的分类。学生按所给数据画图。
第五种	生活情景引入:小明家一块三角形玻璃碎成了两块,只留下一个三角形的木框,你能帮他想想办法,去店里配到一块和原来形状大小一样的玻璃装进去吗?此时学生可能无法理解,就进一步提问,小明拿着A玻璃去配,你觉得他会成功吗?	通过对玻璃 A 的图形上进行作图,让学生发现根据玻璃 A 能画出无数个三角形,即三角形形状无法确定。进而提问:如果可以再添加一些条件,你觉得添加哪些条件可以把三角形的形状确定出来?

　　以上若干置"饵"的方法各有优点也各有不妥之处,经过

不断地分析、对比、改进,正式课例研究的两次教学实践中分别采用了第一种和第三种方法;教学组织形式上,第一次教学采用"秧田式"排座,前后四人自然分组;第二次教学采用"分组合作"形式排座;分别在课前、课后进行了前测、后测以及访谈;教学现场进行了全程录像和跟踪观察。

四 反思单元整体教学实践,提炼理性经验

从研究人员的课堂观察反馈,学生在课堂中学习的思维量大大增加,多数学生被"卷入"到学习中,能循着所置"饵"的线索逐步进行探索,通过生生、师生间的对话、互动一步步追寻,直至寻找到宝藏,数学发现、创造的历程在这样的课堂上得以展现。从课后学生访谈中也可以印证这样设计下的"教与学"是"有意思"的,很喜欢或比较喜欢这样的学习方式的学生占比很高。

在传统的全等判定的教学中,一节课只出现一个判定定理,学生在练习中可以无条件套用,这样容易养成一种思维的惰性,即不必辨析条件而直接进行格式模拟。但是"单元整体设计"下的教与学中,几个判定方法由于是由学生自己探究获得(这两次教学实践没有预学环节),所以形成的不是"一个知识点"(如一个判定定理),而是"一个知识块"(几个判定定理),所以从能力培养和考查的角度来说,练习时就需要学生对各种图形辨析、确定所使用的是三角形全等的哪条判定定理,虽然明显增加了难度,但对学生思维习惯的养成有着积极的作用。

传统的课堂教学最多实现"举一反三"的效果,但"单元整体设计"从生活问题引入,引导学生用数学的眼光观察生

活,能发现问题,提出解决问题的不同方案(其中渗透了分类讨论的数学思想),形成数学内部的联系。学生练习也不再是简单地模仿,而是从辨析开始,逐步探究,有助于学生主动的、全面的思维能力的培养。

当然,通过本次课例研究的两次教学实践也反应、暴露出存在的不少问题。如两次教学均显示时间上的不充足,分析原因,一方面,可能是对学生学习基础的考察估计不充分,如学生尺规作图能力的欠缺;另一方面,说明这样的整体设计的确需要进行"时间设计",不能急于求成、贪大求全,而应根据教学实际进展情况把握节奏,充分探究、分析、归纳,实现突破,进而达成目标(本次课程设计为 2 课时是比较恰当的)。由此也提示我们,对于单元整体教学的教与学目标的设计非常重要,值得进一步深入研究。

此外,两次教学也反映出各自的问题,如第一次教学中教师对小组合作的指导不够到位,导致小组合作没有充分落实;学生操作时间不充分,致使集体交流、探索受阻;试图得出全部结论,致使课程容量放大,有囫囵吞枣倾向;第二次教学中个别小组组员较多,合作交流秩序、效果受到一定影响;教师语言指导有小的偏差,学生操作受到影响;学生自主探究寻找到"边角边"、"角边角"、"边边边"三种判定方法的条件,但时间有限,没有进行完整的归纳(即判定定理的叙述和符号表达),当然也没有时间进行课堂的练习巩固等。

单元整体教学设计的优势在于打破了个别知识点之间的壁垒,不但关注如何让学习者掌握个别的知识点,同时也重视让学习者理解一章或是一个单元中各个知识点之间的内部联系,这种系统教学设计的方法,对学生而言,有助于学生理清知识点之间的关系和系统以及整体思维的培养。

单元教学的着眼点是"单元"。从教学内容看,单元教学以一个"单元"为相对独立的教学单位,强调从单元这个整体出发设计教学,突出内容和过程的联系性和整体性。从教学目标看,单元教学是一个相对完整的过程,在这个过程中,三维目标的有机融合和有效落实问题逐步得以实现。从教学方法看,单元教学不是对单元内各课题平均使用力量,而是依据学生的认知特点和某个单元的教学内容,设计合理的、有一定思维梯度的科学学习过程,注重学习的阶段性和层次性,避免了传统课时教学的随意性与盲目性。

对教师而言,有助于教师不断完善自身的智能结构。显然,单元教学设计比传统的单课时教学设计更具有挑战性。通过单元教学,教师的教学设计视野从单课时的微观范畴转向更为宽阔的单元宏观范畴,能够从单元整体上把握教学目标、内容和方法,有利于使宏观层面的课程目标落到实处,同时又能使单元内的课时教学变得更加富有弹性,有利于优化教学效果。

当然,要把单元整体教学理念真正落实在日常教学中,还需要进行长期、深入、坚持不懈的探索。

二 化教师之忧:教师发展研究案例精选

(一) 内驱力激发:优秀教师二次成长

——从被动到主动

上海市师资培训中心　时丽娟

笔者有幸参与了上海市第三期双名工程后备优秀教师深度访谈,访谈的内容主要围绕优秀教师的成长故事。在与12位优秀教师深度接触中知晓,他们中有人是因为热爱教育事业,从小立志做教师,但也有更多的是因为各种外在因素选择教师行业,不管他们当初是将教师作为一种谋生手段,还是将教师当做职业理想,他们在选择做教师后,慢慢地从内心对教师工作有了热爱,看到了工作过程中的意义和价值,他们开始真正热爱教师这个职业,有着强烈的职业兴趣和很高的职业认同,即用职业实现了自己的生命价值。

我们试着分析这12位优秀教师成长背后的推动力,希冀找出推动教师成长的力量源泉,以此促进其他教师的专业发展。

一 外因驱动，被动发展

在访谈中，大部分优秀教师都很坦然的提出自己的专业发展一开始都是外力推动自己一步步向前发展的。外力帮助自己很好地适应了教材、学生、教学工作，积累了教学实践经验，打下了学科知识和教学技能的扎实基础等等。这些外力主要指的是环境支持，即学校给予了多层面的发展平台和机会，如培训班和教学比赛等。

例如，长宁区一位美术教研员老师谈到推动自己发展的关键事件是：2003 年，学校要求教师每个人制定个人发展的"三年规划"和"星级教师评比"。"三年规划"即为教师提供平台，自己之前不知道什么是发展规划，从未想过在一段时间进行设计，给定自己目标，围绕目标进行努力，到最后进行检测是否达到目标。尔后，她开始反思自己的规划，并努力实现规划中的内容，通过自身努力，2004 年做了区学科带头人，2009 年参加上海市中青年教师拓展课教学比赛，获得上海市一等奖。

再如，黄浦区一位特级教师叙述道："刚入门时由师傅带教，自己的教学成果受到学校的认可后，被学校推送到区级、市级层面等机构参加各类教育教学方面的培训班。在参加培训的过程中，获得了卢湾区百花奖教学比赛二等奖，紧接着又获得了上海市青年教师教学比赛二等奖。"

当然，也有教师谈到自己发展遇到了关键的人，如导师、学校领导等引领自己发展。这种引领不仅仅在于专业发展上，更像是人生的引领，是对自己的一种信任、尊重和肯定。

例如，一位徐汇区英语教研员就谈到了导师对自身的帮助。她说，因为家庭原因在面试去英国培训的项目中失利了，导师知晓原因后，帮助自己分析原因，并争取到了第二次面试机会，如此准备下，最后如愿启程去英国参加培训。从英国回来再从事教研工作中，不论是状态还是专业水平都发生了很大变化。

又如，一位浦东新区德育教研员说："一个人的成功离不开四个'人'，即贵人相助、高人指点、他人监督、个人努力。贵人相助就是关键时刻有人给你一些机会和平台，在这之中我觉得自己在成长过程中有很多的贵人，所以一步步在专业的道路上坚守下来。高人指点就是一些师傅在专业上手把手教你，包括怎么来找准自己研究的方向，怎么做课题等。他人监督主要指周围同事、团队里的伙伴以及社会人群等，督促、监督自己，有压力，更有动力。个人努力，顾名思义自身要不断学习、进取。在这四个方面，我觉得个人的努力是前提、是最重要的，因为没有个人努力就不会有后面的一切。我一直坚持的动力是身边人的关注、帮助和批评指正，这让我自己觉得做老师是很开心的。"

外力驱动下，教师是比较被动的，没有自主发展的空间和动力，好似"第三世界"，在被"第一世界"和"第二世界"的专家学者和行政管理人员来"发展"，即行政部门通过各种途径来"发展"教师职业的"专业性"。但无可置疑的是，对于大部分教师来说，在教师专业发展的初期，外力推动还是很有必要的。初任教职的新教师，首先的任务就是掌握一定的教学技能、要能胜任教学工作。而促进新教师发展成长的一个最直接的办法就是将优秀教师所具有的知识教给新教师，如教学策略知识、教学常规知识、指导课堂作业、如何有意义呈现新材料等等。虽然还有很多缄默知识和实践智慧无法陈述和传授，需要教师自己在日常教学实践中不断反思、探索和操作才能获得，但是，教师在外力推动、被动发展的过程中增进了教育的专业知识和技能，能胜任教学工作，教学技能也慢慢地熟练了。

二 自主成长，蜕变式发展

这些教师经过外力的驱动，完善了教学技能、形成了知识体系，成为一名经验型的教师，他们开始享受胜利的果实。例如，有的教师开始承担学校管理职责，有的担任学科带头人，有的教师辐射教学经验。很多学者认为，将处于这一阶段的教师界定为"经验型教师"，且认为他们是为了增强自己进入生活或获取地位的能力。如果经验教师一直持续这样的状态，他们会渐渐地发现，利用已有的经验已经很难实现创新和突破，也很难成为专家型的优秀教师，他们开始进入职业倦怠期，但是，一旦教师有效地突破这个阶段，便能实现专业发展上有价值的一次重生。

在访谈中，笔者发现很多名师在专业成长过程中也遇到过困境。有的困境来自课堂教学方法的创新、课题研究的钻研、家庭因素变故等。但他们是幸运的，他们开始主动寻求改变，寻求各种机会克服困境，寻求发展，从中获得了新的成长，他们的专业发展进入了重大的转折期。从当代学术界来看，人们更倾向于把作为教师发展主体的自身实践活动看做是教师发展成长的根本动力。有学者将这种奋力实现自身成长的阶段归纳为"破茧"的蜕变过程，即认为教师的专业成长和发展有一个过程，有一定的轨迹和规律可循，有更理性的探讨和思考,进而主动实现从自发状态到自觉状态的转型,完成从新教师到优秀教师的蜕变,这就是化蛹成蝶式的发展。

例如,一位静安区音乐教师说:"在教学受到肯定后,我于2014年被评为特级教师。随后派到宝山区一所小学支教三年。在支教期间,我结合自身的兴趣点开展课题研究,聚焦'音乐学科的课程类型'开展研究,该项研究开展的风风火火,因其培训内容与一线教师的专业发展密切相关,也因其培训形式贴切教师的需求,吸引了远郊区县的学校教师,他们纷纷要求主动参与,最终形成了一支由7所学校组成的项目团队,并在市级层面上组织了多次展示,反响很好。"

又如,一位浦东新区科研员谈到:她在接手了市级农民工子女学校教师培训项目后,开始关注这批城中村教师的生存状况和专业发展,对此产生了浓厚的兴趣。项目结束后,她仍继续带领这些城中村教师开展课例研究,参加"爱飞翔"公益组织等等,她的研究团队成果丰硕,出版了《被遗忘的烛光——"城中村"教师生存实录》一书。到目前为止,她们仍在为"城中村"教师专业发展不停地注入活力,为这批教师的未来发展奔跑着努力着。

正如一位老师提到的,成就给你光环,但是认知和知识给你重量,可是现在很多人只看得见光环却掂不出重量。功成名就固然重要,但是成为一名自由自在的心灵教师更重要。处于这一阶段的教师,有了成长的愿望和需求,他们不断地接受挑战、不断地充实自己、超越自己,引导自己不断走向成熟。此时的他们对教师职业充满期待与信心,开始从内心真正认同教育,也看到了工作过程中的意义和价值,开始懂得将教育当做事业来做,而不仅仅是一种职业。

三 被动与主动的交融成长

　　教师的专业发展已成为教师教育的核心话题,关于归纳教师专业发展的原因,内因说与外因说一直受到人们的关注,但一直难以达成学术界的共识。因为很难严格界定教师某一阶段成长只受单一因素影响,学术界越来越多的研究表明,在教师的发展过程中,内外因同时起着重要的推动作用。可见,教师的成长是在教师发展主体与周围环境积极地相互作用中,通过主体的各种实践活动实现的;是一种动态、变化的,是回应各种影响因素的、此消彼长且与之循环互动的发展过程。

　　从笔者的访谈内容来看,也验证了以上观点。访谈中,不少教师提到某一个关键事件是自己专业发展的转折点。这一关键事件,大多数是学校提供给教师发展的平台和各种培训机会。我们知道,学校是教师专业发展的最佳场所。有研究表明,教师从业的基本要求,要内化为教师自身的素质,不仅要靠教师的经验与反思,重要的是,学校要有责任为教师的专业发展提供条件和机会,教师专业发展需要目标导引,这样可以加快教师专业成长的步伐,缩短教师成长周期。

　　反过来,单单依靠这些关键事件作为外在推动教师专业发展的力量,也是很难真正对教师自身的个人实践理论产生触动的。教师要学会积极主动寻找事件背后的原因、整合和更新已有知识储备、想出解决问题的办法,如改进从培训和教研中学到的知识及其话语,使其更符合本校的实际需要和自身的知识结构,并在学校现场进行系统的锤炼,只有在锤炼中才能提升自己,这个过程即为反思。教师只有在反思过程中实现认知、观念和行为的重构,才能实现自己的成长。只有会反思的教师,才能让这些外在因素作为自己专业发展的转折点。

可见,教师的发展成长必然是内外因互相作用的结果。这不仅仅是个人的事情,学校、行政部门等都应对教师成长给予支持和协助,这是教师迅速成长的外部保障。

(二) 反思力支架:基于证据的师幼言语互动现场观察与评价

浦东教育发展研究院　吕　萍

一　背景

现场观察是一种研究方法也是一种研究技术,根据贝克尔(Becker,1968)的解释,现场观察"作为观察者处于某种社会情境中的活动过程是用于科学调查研究的,观察者与被观察者面对面共处,观察者参与被观察者的自然活动,从中收集资料。"教育非自然活动,但是可以参考现场观察的方法和技术,深入教育教学现场,收集相关信息。

言语交流是师幼互动的主要途径,良好的师幼言语互动是幼儿教育得以实施并提升质量的关键。但在集体教学活动中,师幼言语互动存在一些不容忽视的问题,已经正在影响整体教育教学的有效性。由于缺乏相应的观课技术支持,一些教研活动和教学改进的效果不佳。

为此,聚焦"师幼言语互动"观察整个幼儿教学活动的全过程,通过"一衣带水"的方式,基于证据地为教师行为提供支持,既起到诊断教学行为的作用,也起到激励和导向作用。

二 基本思路

达成有证据地为教师改进言语行为提供支持,需要做到两点:第一,每一个观课教师要有目的、有针对性地观课;第二,观课教师有较为便捷的工具搜集信息,快速地记录。我们合作开发评价工具,采用分类观察的方式,以此展现师幼言语互动的全貌,还原真实的教育现场,基于证据细致、深入地诊断师幼言语互动状况。

幼儿教师在实施教学活动时,基本的脉络是"提出问题——讨论问题——解决问题",围绕"问题"实现不同教学环节的目标,从而实现整个教学活动目标。这个基本脉络的外在表现是师幼的问—答—反馈,形成一个循环、螺旋、上升的过程,推动教学活动的深入进行。其中,提问与反馈最能体现教师的教学机智和教育智慧,而问题也最突出。

基于以上思考,确定师幼言语互动观察与评价的四个维度:师幼问—答—反馈整体情况、师幼言语互动路线、师幼言语互动时间分配、师幼言语互动具体语言,四个维度相互支持、相互补充,形成一个较为全面的师幼言语互动现场信息系统。

1. 师幼问—答—反馈整体情况

此维度包括三个内容:教师提问方式、幼儿回答、教师反馈。主要意图是了解教师提出问题的境脉、幼儿回答问题的主动性、教师回应幼儿的策略。

关于教师提问方式,我们认为容易调动幼儿多感官的提问,效果会更好。

关于幼儿回答,分为积极和消极两种反应:积极的反应——主动回答和集体回答;消极的反应——无回答和点名回答,可以侧面反映出幼儿参与、投入教学的程度。

关于教师反馈,大致分为积极反馈和消极反馈,十种教师反馈幼儿的方式。积极反馈包括表扬、肯定—重复(教师仅仅重复幼儿的回答)、纠正、手势/表情、问别人、给线索、给答案;消极反馈包括无反馈、批评、别人喊出、重复问题。(详见表1)

表1　师幼问—答—反馈整体情况(打勾√)(追问,在问题前加星号＊)

问题序号	教师提问方式					幼儿回答				教师反馈										
	语言+动作	语言+表情	语言+动作+表情	语言+图片/音乐	语言+动作+图片/音乐	无回答	主动回答	集体回答	点名回答	表扬	肯定—重复	纠正	表情/手势	无反应	批评	问别人	别人喊出	重复问题	给线索	给答案
1																				
2																				
3																				
4																				
5																				
...																				

2. 师幼问—答—反馈的具体语言

此维度记录教师面向一个幼儿言语互动的情况,更加细致地收集信息。表1与表2的联结点在教师的提问,观察者在记录上能相互补充。为防止遗漏,专门运用一张表格来记

录教师的提问,所有带有询问性质的话全部记录并编码。采用星号标注的方式呈现教师的追问(见表2、表3)

表2 师幼问—答—反馈的具体语言(1对2观察)

环节	问题序号	幼儿1回答	教师反馈	幼儿2回答	教师反馈
环节1					
环节2					
环节3					

表3 教师的提问记录

环 节	问题序号	具体语言	备注
环节1:			
环节2:			
环节3:			

3. 师幼言语互动路线

将一个教师从教学活动开始到结束期间,与幼儿发生的言语互动路线作为一个重要的考察点,考察教师对不同能力、主动程度的幼儿的关注情况,有多少幼儿能够跟随教师的教学进程。观察的教师主要记录教师与每个幼儿的互动次数。

4. 教师言语活动时间取样观察

结合教师日常教学言语的指向,将教师面对幼儿的言语活动分为七项(见表4)。通过2分钟一次的取样观察,可以获取教师言语活动的分配情况:语言类型、某一种语言类型使用频率。

表4 教师言语活动时间取样观察(打勾√)

时间	组织教学	指导活动	提问	反馈	讲解内容	维持纪律	解决纠纷	补充项:	补充项:	补充项:
2 分钟										
4 分钟										
6 分钟										
8 分钟										
10 分钟										
12 分钟										
14 分钟										
16 分钟										
18 分钟										
20 分钟										
……										

三 实践过程

师幼言语互动分类观察与评价的实施过程,按照教学的三个环节——课前、课中、课后,也大致分为三个阶段:课前的准备、课中的分类观课、课后汇总信息与反馈。

(一) 课前的准备工作

1. 将执教教师的教学设计分发给观察员,观察员要熟悉教学环节和教学内容。

2. 进行分工,每个观察员领取观察任务,熟悉观察的内容和任务要求,准备好观察表和所需要的辅助工具,如手表、画路线图的白纸、笔等。

3. 给每个小椅子上贴上数字编号,按照小椅子编号认领观察幼儿。

4. 熟悉幼儿的座位图,即幼儿是怎么坐的。

(二) 课中的分类观课

进入教学现场,按照观察任务,观察员运用观察工具进行具体的观察,搜集教师与幼儿的言语互动信息。要求观察员不打扰幼儿,不干扰教师教学。同时,根据观察任务选择恰当的观察角度,即采用团队合作方式,每一个或两个人选取一个维度进行观课,搜集执教教师的详细信息,为后期师幼言语互动评价做准备。

(三) 课后汇总信息与反馈

课后,专门找一间会议室,执教教师、观察员聚集在一起,留有 10 分钟左右的时间,执教教师准备说课、课后反思;观察员根据分类观察记录内容进行分组,同时根据回忆进一步补充观察信息,并进行相互间的核对,如问题数量、顺序等,准备评课的具体内容。会议后,有专门的观察者整理所有的信息,提供给执教教师一个比较完整的观课报告。

四 主要效果

经过一年多的团队合作,通过进课堂分类观课评课,我们有了多方面的收获。一是对当前教师与幼儿的言语互动情况有了更为深入的认识,掌握了师幼言语互动的状态;二是不断修正观课工具,以上提供的四张观察记录表,并非是初稿,而是多次修改后的成果(由于篇幅,不再赘述),在其中也发挥了团队的智慧,萌生出一些比较好的观察记录方式。

1. 幼儿教师提问方式多样

鉴于幼儿的年龄特点,教师在提问的时候,都会声情并茂,尽量刺激幼儿的多种感官,激发幼儿投入教学的积极性。如在中班数活动《买礼物》中,教师共采用了四种提问方式:语言＋表情,有 14 次;语言＋动作,有 10 次;语言＋图片,有 2 次;语言＋动作＋图片＋音乐,有 7 次。再如在大班语言活动《我不生气了》中,教师共采用了三种提问方式:语言＋表情,有 3 次;语言＋动作,有 7 次;语言＋图片,有 3 次。

2. 教师提问的突出问题是数量多、随意性强,封闭性问题多。

提问数量多,是最为突出的问题,在教学活动的每 1 分钟几乎都有 2－3 个问题,有的教师甚至更多。如在一次小班音乐集体活动《小鱼游》,教师在 29 分钟内提出了 40 个问题;一次小班美术集体活动《爱吃水果的奶牛》,教师在 16 分钟提出了 42 个问题;在大班数活动《抓住贪吃贼》,教师在 32 分钟提出了 136 个问题……

在解读教师提问时,我们发现教师提问的随意性很强,一些口语性质的提问很多,如"是不是""对不对""是哇";提出一个问题后,重复率非常高,如"还有吗?""为什么?"。当教师请一个幼儿站起来回答的时候,就会把问题重复一遍,提问几个幼儿可能就会重复几遍这个问题,这在小、中、大班教学活动中都比较普遍。

封闭性问题多也非常突出。封闭性问题的回答或解释唯一,如教师经常会问"是什么""……是什么意思""什么叫……?""还有一个麻烦是什么?""你们去过超市、逛街吗?"这些回答不需要幼儿更高思维如推理、归纳等的参与,只需要回忆或者从所听到、看到的信息中筛选就可以了。

除了以上问题，教师提问中直接性问题、聚合性问题也比较多，开放性、发散性的问题较少；问题对实现各个环节目标的贡献率低、无效问题较多。

3. 幼儿消极回答较多，受到"规矩"的限制。

从观课记录来看，幼儿更多是消极应答，教师点名了幼儿才给予回答。如在大班语言活动《我不生气了》，幼儿点名回答，9 次；集体回答，3 次；个体幼儿主动回答，2 次；在中班数活动《买礼物》中，幼儿主动回答的有 5 次，集体回答有 8 次，点名回答 9 次。课后与幼儿教师交流发现，为了保持教学秩序顺畅，幼儿一进入幼儿园就开始学"规矩"，如教学活动中发言要举手、不能插话、不能随便走动等。这成为考察教师教学常规、控班能力、教学秩序的重要指标。据我们对教师语言分配情况的时间抽样观察，也反映出了这一点，教师的语言主要集中在组织教学、提问、反馈和讲解内容上，基本上没有关于维持教学秩序方面的语言。

4. 教师普遍关注能力强、主动性强的幼儿。

通过画师幼言语互动路线图，发现有一种"一边倒"的现象，即教师喜欢提问积极举手、表达能力强、能够快速给教师一个"满意的回答"的幼儿。一些不太喜欢举手、不能很好表达想法、不能给出教师满意回答的幼儿，由于答问机会的不平等，致使一部分幼儿丧失了信心，出现无所事事，游离在教师关注范围之外，成为"边缘人"！以下是负责观察记录师幼言语互动路线教师所贡献的三种路线图样式，从中可见一斑。

路线图样式一是一种最为简单的计数式师幼互动频次图。

对每一位幼儿进行编号。只要认真观察每一个幼儿，记录教师与之互动的频次（几颗星）就行，简单易行，一目了然地展现出教师与幼儿的互动情况及教师的关注面。但是收集的信息比较单一，无法体现出教师与幼儿言语互动中信息的流动。

样式一：

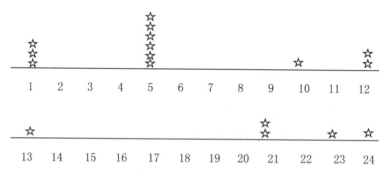

路线图样式二是一种扇形师幼言语互动路线图。教师面向全体幼儿，通过观察记录能够直观地看出教师面向全体幼儿的情况。向下的箭头表示教师发出提问，幼儿做出了言语反馈；有星星标注的，表示教师进行了追问。

样式二：

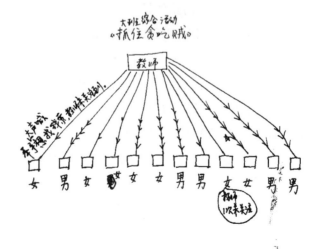

路线图样式三与样式一有些类似,是一种定点观察记录言语互动路线图。通过运用不同的标注符号,既能够了解教师面向全体幼儿的情况,又能够反映出每个幼儿与教师的互动情况。

样式三:

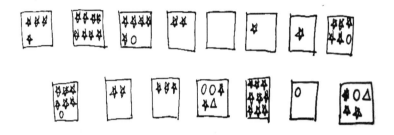

〇 表示全体说

△ 表示有插手、拳手等幼儿的辅助回答

ϟ 单独发言

5. 教师的反馈更多是"重复幼儿的回答"、"完整表达幼儿的回答"、"简单肯定"。

通过利用师幼问—答—反馈整体情况表(表1)和对师幼言语互动具体语言的记录(表2)来看,教师的反馈基本上停留在"重复幼儿的回答"、"完整表达幼儿的回答"和"简单肯定"上,没有做到根据幼儿的不同回答进行适切的反馈,给予具有个体关怀的反馈。如下表中大班综合活动《公益广告》第一环节的师幼言语互动具体语言。

表5　师幼言语互动具体语言记录（大班活动《公益广告》第一环节）

环节	教师提问	幼儿回答	教师反馈
环节一：说说我知道的广告	1. 看看，这两个字认识吗？ 2. 什么叫广告？ 3. 一种商品的推荐，是吗？ 把你看到的广告，告诉大家好吗？ ★4. 什么洗衣液呀？ 5. 这是什么东西呀？ ★它是什么呀？ ★什么车呀？ 6. 他们有一个共同的名字，叫什么呀？	幼n：广告 幼7：就是给一种商品做推荐 幼7：是 幼12：我看到过电视里面有洗衣液的广告 幼12：汰渍 幼11：我看过……玩具 幼11：玩具。 幼5：南孚电池 幼1：那个剃须刀，用来剃胡子的。 幼：MMD 幼N：巧克力豆。 幼9：汽车 幼9：宝马 幼N：商业广告	哦，一种商品的推荐 哦，你看到过卖洗衣液的广告，是吗？ 哦，牌子都被你说出来了。 哦，她知道玩具的广告 哇，南孚电池都被你知道了。 有趣的剃须刀是哇。 哦，好吃的巧克力豆是吗？汽车！ 哎呀，名牌车哦。 是！

五　问题与反思

为了获取教学现场的证据，我们聚焦师幼言语互动进行了观察与评价，开发了观课工具，以团队合作、分类观察的方式，走进教学现场，获取了大量具体、有效的信息，比较全面地掌握了当前教师与幼儿言语互动中存在的外显行为问题。经过分析，发现这与教师忽视学情分析、教学目标定位逻辑性不强等问题有比较重要的关系。

（一）学情分析无或过于笼统

在很多教师的教学设计中，一般包含活动目标、活动重点和难点、活动准备、活动过程四个部分，基本上没有学情分析内容。部分教师会有设计思路部分，其中会包含学情分析的内容，但教师对幼儿的学情分析过于笼统。同时，教师在教学过程中，也不善于捕捉幼儿的反应信息，及时给予机智的回应。不重视学情分析，导致教师对幼儿估计不足，师幼言语互动不良。

如中班综合活动《抓住贪吃贼》的设计思路是：

基本每周都会有那么段时间是留给孩子自己阅读书籍的，孩子们也是喜欢阅读的。然而，常常阅读活动才进行了几分钟，就会听到孩子说"老师，我看完了，能不能换一本书"？又或者"老师，能不能和旁边的小朋友交换一下书？"很明显，这是走马观花式的阅读，孩子对于手中的书到底看明白了多少？看到了书里的哪些内容？效果如何？不得而知。

《抓住贪吃贼》是一个有趣的数学游戏故事，主要训练孩子考察具有多重属性的同一对象的能力，并浅显地介绍了一个相当重要的数学概念——集合与子集。名侦探土豆寻找罪犯的方法，正是通过对物体的多种属性的知晓，将集合逐一减少，直到找出最后的"交集"的方法。这虽然是大班初期的内容，但对于中班下学期的孩子来说，应该也是能掌握的。这本绘本在我们阅读角里已放了将近两年，也有不少孩子看过，但对于其内容，能说出的几乎没有。通过这个活动，我想让孩子在游戏情境中体验绘本阅读的快乐，也希望孩子以后在阅读书籍时能更投入、仔细些，自己去发现和感受书中有趣的情节。

这个设计思路,主要展现了四个信息:一是幼儿的阅读习惯问题;《抓住贪吃贼》绘本解读与分析;中班幼儿对绘本内容学习的可能性和对该内容的学情;活动的目的。其中"这虽然是大班初期的内容,但对于中班下学期的孩子来说,应该也是能掌握的。这本绘本在我们阅读角里已放了将近两年,也有不少孩子看过,但对于其内容,能说出的几乎没有。"它是有关中班幼儿学情的内容,但过于笼统,不够具体,如中班幼儿能够说出几种物体的属性?掌握了哪些寻找物体属性的方法等。

学情分析并非仅仅是教师课前需要做的工作,而是需要贯穿整个教学的过程。活动过程中,教师要及时捕捉幼儿的反应特别是幼儿的回答,并进行即时的分析和判断,如没有领悟教师的问题、回答错误、回答内容部分正确、回答内容完全正确、回答内容很精彩、回答内容混乱、回答内容与教师提问不相符等等。根据这些信息,教师可以对问题做出调整、重复问题、请别人回答、把幼儿错误的回答内容转化成一个问题、给予肯定和表扬等等。但现场观察发现,教师为了完成预定的教学过程,很少顾及到幼儿传达出的信息。

(二) 目标与内容间的关联度不紧密

教学活动目标与内容间关联度不紧密有两种情况:一是目标并未体现内容传达的意图;二是内容实施脱离预设的目标。

还以《抓住贪吃贼》教学活动为例,活动目标有两个:尝试按线索有选择地寻找目标,并能较清晰、完整地表达自己的发现;在游戏情境中体验绘本阅读的快乐。如果将设计思路和活动目标放在一起分析,就会发现目标与教师前期的设计思路间的逻辑性不强,目标并未围绕主要内容来表述,甚至脱离了原有的设计意图。

再如中班科学活动《眼睛变魔术》有两个目标:知道有时眼睛看到的事物并非是事实的,初步感知错觉现象;对错觉游戏有兴趣,体验发现的乐趣。教师设计了四个环节来实现目标:以魔术形式导入、眼睛看到的现象、体验错觉游戏的奇妙、观看图片。但现场活动来看,第一、二环节出现了偏离目标的情况。第一环节教师把重点仅仅放在了激发幼儿兴趣,没有充分利用魔术的效果,引入到眼睛的错觉问题,即引发幼儿"对眼睛看到的东西是真实的吗?"和"你的眼睛也可能骗了你"有所思考;第二环节内容重点在于错觉,但教师提出的问题却在引导幼儿比较两个圆的大小。

(三) 几点说明

1. 观察工具的适用面:比较适合集体教学,对于幼儿的个别化活动需要加以修改。

2. 观察点的选择:需要根据教师教学改进进程进行调整。针对第一次执教的教师,观察人员可以四个方面都观察。当执教教师明确了自己的言语行为重点改进的方向后,就可以根据执教教师改进的言语行为重点进行观察。

3. 观课报告:观课人员一定要为执教教师后期整理一份详细的观课报告。将所有观课信息,按照四个观课维度进行归纳和分析,有理有据地指出执教教师言语行为的优点和不足,作为执教教师改进言语行为的依据。

综上所述,师幼言语互动是一个比较复杂的问题,涉及的因素很多,如教师自身语言素养、教学材料准备情况、幼儿语言发展水平、幼儿对内容的喜爱程度等。根据教学现场观察和理论梳理,我们将师幼言语互动分为四个维度,又返回教学现场做了一点探索,探索中完善,希望通过提供详细的证据以改进教师的言语行为,更好地促进幼儿的高水平发展。

（三） 研究力生成：引领教师主动创造原初经验

——小学生创新素养培养研究活动案例

徐汇区教育学院　杨姣平

一　活动背景

根据总课题组的实验要求,在4月底要组织一次《基于中小幼学生创新素养发展特点的区域性系统培养的实践研究》的小学研究专场活动。《基于中小幼学生创新素养发展特点的区域性系统培养的实践研究》是徐汇区教育局承担的一项市级重点课题。作为一名专职科研员,我主要负责小学阶段的实验探索。经过一个学期的课堂实践,实验教师已经初步有了自己的认识和想法,并在实践中积累了相应的经验。本次课题研究活动,我们是在教师进行主动探索了一段时间后,以一所实验学校——交大附属小学的实验学科——数学研究为案例,深入探讨学科教学中如何进行小学生创新素养的培养,同时促进实验学校的整体思考与阶段性梳理,为后一阶段的研究和实践积累经验,明晰方向。

二　组织实施过程

（一） 共同协商,确定整体思路

学校的研究要靠自己主动的探索和实施,任何层面的专家都无法代替。即使是作为实验学校进行子课题研究,也要学校根据实际情况进行校本化的设计与实施。这是课题研究成功的前提。我们把这次活动的主要意图与学校实验项目组的负责人徐校长和核心成员姚莉老师进行了沟通,并进一步明确,学校的整体汇报要体现校本特点,即真实思考与草根经验,不需要宏大理论和完美架构,教师的教学要围绕创新素养培养在微观教学中体现整体设计。不久,交大附属小学拿出了一个整体方案。那天,学校副校长徐老师走进了我的办公室,把学校的汇报材料拿到我面前,我仔细阅读过后,欣喜地发现,这份材料朴实而扎实,学校对创新素养的基本认识体现了学校、教师的认知规律,呈现了对创新素养认识的发展过程,蕴含着学校、教师作为研究主体的主动性。学校在整体报告中写道:"这种对'创新'的认识由狭义到广义的转变,使我们体会到'创新'不仅仅是少数天才的专利,而是人人均具有的一种潜能。这种认识使我们在小学数学教学中提倡创新精神,培养创新素养成为可能。"学校在组织教师学习了 2011 版《教育部数学课程标准》的修订版,进一步认识到,在数学学科中培养学生的创新素养是学科应有之义。"我们围绕'在小学数学教育中,什么是最主要的?'这一问题,展开了热烈地讨论,最终达成了一致,即以数学知识与技能为载体,培养学生的思维能力和创新意识是最主要的,这也是基本任务,是我们应做的分内事。"学校的汇报针对在数学学科中如何进行创新素养的培养,在丰富的探索性实践的基础上总结了自己的经验和做法,并对存在的困惑和以后的推动提出了初步的设想。除了一些细节的修改,基本上我们达成了一致。本来,根据其他四个实验学校的做法,学校报告要从我们课题涉及的六个方面进行整体汇报,但考虑到交大附小只有数学一门实验学科,还不如针对数学学科的思考与实践做更精细化的梳理,这样符合学校的实际。事后,徐校长还跟我确定了第一次教学的具体内容和时间。

(二) 整合力量,深入研究课堂

研究课堂,除了要有研究的思路和方法,还要有丰富的学科教学经验,才不会偏离学科的本质,才能提高教师对研究的认同感。虽然我有过教学经历,加上这么多年深入指导学校教师研究,也积累了很多学科教学的间接经验,但对具体的课堂教学的指导,还需要学科专家的介入。进行教研与科研的整合,这也是我们一贯的做法。

正式听课时,我们邀请了学科教研员黄老师,同时听课的还有我们教科室的两位同事杨老师和方老师,以及学校的校长、教导主任、教研组长和数学教师。两位执教教师戚老师和沈老师分别上了《七巧板》和《几分之一》,两节课都对如何进行创新素养培养进行了尝试。课后,大家集中在一起进行研讨。执教教师简单地进行了说课与教后的初步感受,"了解图形之间的关系部分花的时间太长了,学生老是搞不清楚!"执教《七巧板》的戚老师迫不及待地诉苦经。"二年级学生没有相应的几何知识的铺垫,对'面'没有认识,很难理解图形的大小!"戚老师继续说道。在简短地说课结束后,教研员黄老师从每个环节入手提出了自己的建议,对教师如何把握教学内容和方法都有很大的启示,包括要注意教学时间上的适当分配。黄老师指出:"第二个环节'了解图形之间的关系'花的时间太长,影响后面学生的动手操作与探索。为此,在了解图形之间关系的时候,要引导学生不仅从面上考虑,还要涉及边的观察,在运用活动单的时候,先让学生在拼图中观察图形的大小"。教研组长和其他的听课教师也都发表了自己的看法。最后,我也提了两个问题:一是从教案设计来看,教学目标中对学生创新素养培养体现不太明确,教学的重点、难点没区分;二是从我对学生的观察来看,"了解图形之间的关系"环节中,教师设计的学习活动单,大部分学生不太理解,导致运用起来反而浪费了很多时间。所以建议修改完善教学设计,突出培养创新素养的目标和方法;再细磨一下活动单,看如何根据二年级孩子的认知特点和思维水平,帮助他们理解图形之间的关系。两位老师表示,根据大家的建议,会完善教案,再次进行课堂实践。

到了第二次教学实践的时候,基本上是原班人马听课。戚老师一如既往的热情满满。没想到,她大胆摒弃了上次的学习活动单,从七巧板图形最多的三角形入手,探索图形大小之间的关系,实践效果比上次有了明显的改变,但在探索大小关系时用三角形之间、三角形与四边形之间加倍的转化思想,学生仍然理解不了。我还发现,两位老师在教学目标、重点难点的设计上仍然没有什么改变,针对这些情况,我专门与教师进行了深入的交流。尤其是对教学设计的整体思考,对教师来说非常重要,教学不仅关注细节,更要关注整体设计,只有经过了解这节课的通盘考虑,细节关注才不会偏离方向,才能体现出整体的价值和意义。我们的教师在教学和研究中不习惯中观甚至宏观思维,喜欢从细节入手看教学,我一直提倡,教师要有整体和系统思考的能力,才能抓住本质,提高效率。当天我们引导教师对教学目标、重点难点进行了重新梳理。那次研讨,直到下午六点左右才结束。

通过这两次的课堂教学研究，两位老师以自己的教学内容为载体，对如何实施学生创新素养的培养，有了较深的触动。她们在第二次实践的基础上又做了尽可能地完善。

（三）开放研讨，提升研究智慧

到了开放研讨的日子，总课题组专家和本区其他4所实验基地的负责人和数学实验教师一起参加了研讨活动。活动的第一个环节是交大附属小学课题研究推进汇报。首先听了交大附属小学戚老师执教的二年级数学《七巧板》和沈老师执教的三年级数学《几分之一》两堂数学课；接着执教教师对这两节课围绕数学学科进行创新素养培养分别进行了说课和反思，特别是戚老师将三次上课的感受与反思进行了深入交流；接着，学校对课题的推进情况进行了介绍；之后，在座的实验学校教师和基地学员进行了讨论。第二个环节是本课题区域层面的研究工作汇报。我作为小学阶段实验的负责人，从课题主要内容介绍、研究工作进展情况和以后的研究重点三个方面进行了汇报。在汇报中，根据一个多学期初步实践，就区域小学阶段创新素养的培养提出了初步的理论框架，并对经验进行了总结和提炼。结合交大附小的实证研究，特别强调学校教师研究的主体作用，以及他们创造的宝贵的原初经验，这本身就体现了学校教师的探索与创新。随后专家们进行了指导。

三 效果与反思

当活动最后一个环节结束后，我身边的徐校长深有感触地说："这次（活动）对我们的触动太大了"。我连忙接着说："以后我们还要多做这样的研究活动，很累的哦。""我们愿意做!"徐校长毫不犹豫地回答。这样的研究活动对学校、对教师产生了怎样的作用？又是如何发挥作用的？结合实验学校和教师的反思评价，我梳理了三个比较重要的方面。

（一）激发学校、教师的创造智慧，发挥研究的主体能动性——课题成败的关键

学校教师即使是区域重大课题子课题的承担者，也同样要基于学校情况进行校本化的思考与设计，我们不能预设一个完整的方案让学校去实施。课题研究不仅仅是为实现个人的教育意愿和理想，更不是个人理性智慧的狂欢。教育实践研究要基于学校教师的主体需求，充分尊重学校和教师的主体地位，给予教师主动思考、探索和创新的空间，引导教师进行自下而上的实践探索，而不是提供给教师严密的施工图以便照样子被动实施。沈老师在交流时说："要相信我们的孩子!"同样，我们"要相信我们的老师!"他们才是实践创新的主体。课题研究的所有经验要在教师的参与体验、感悟领会、共同讨论的基础上提炼而成，从而让教师在研究中经历探索的痛苦与欢乐，得到实质性的成长。实践证明，教师主动性越强，体验越深，内在的创造性发挥的越多。这次活动交大附小的校长和老师投入了大量的精力，一个内容经过三次摸索和改变，不照搬科研员和教研员的意见，主动探索最适合学生的教学内容和方法。尽管很累，但更多的是快乐和幸福，其中还有兴奋和激动。"杨老师，这次课所有的点全都出来了!"最后一次课一上完后，戚老师迫不及待地告诉我，兴奋之情溢于言表（我没有听这节课）。"在实验过程中通过多次调整教学方案，学生在课堂上呈现出不同的状态，让我对学生学习这一内容的思维起点的把握逐渐准确和清晰，也对小学阶段数学学

科中'创新意识'培养有了更加深刻的认识"戚老师在研讨活动结束后如是说。

（二）适切引领，为教师研究破解疑难、明晰方向——研究推进的重要外力

学校教师的研究解决了"我愿"之时，还要和他们一起解决"我能"的问题。毕竟学校教师不是专门的研究者，在理论认识、研究方法等很多方面需要专业引领。否则研究就会遇到阻碍甚至停滞，更重要的是会损害教师研究的主动性。就这个课题而言，我们的引领体现在三个方面：一是总课题框架与理论的引领。这是在研究初期需要完成的，以便各个年段、各实验学校领会总课题的主要目标和内容，在此基础上学校制定各自研究的方案；二是在教学实践中的共同研究。作为教师的研究伙伴，在具体的实践研究中共同探讨，提出建议。姚老师发出这样的感慨："科研员在课题研究中进行信息的传播、知识的传递、经验的交流、方法的指导，拓宽了教师的视野，教师的教学在科研员的引领下，也可以少走弯路"；三是阶段性的理性提炼与理论引领。不给教师框架，并不意味着教师的研究随心所欲或无所适从，作为开创性的实践研究，我们需要在充分了解实践情况的基础上，做出尽可能科学可行的理论概括和理性认识，从而有效指导学校教师的研究。启新小学的魏老师在活动反馈时表示："这次活动中杨老师的小学阶段实验研究报告，尤其是其中的小学阶段创新素养培养的理论部分对于我们基层学校如何培养学生的创新素养有很大的指导意义，使我们对如何在不同学段、不同学科实施创新素养培养的途径与方法更为明确了"；四是引入专家资源，开拓思路，明晰方向。不定期邀请市区级的专家为教师进行讲座

或参与研讨。启新小学的魏老师觉得"整个活动还邀请了科研专家进行点评，让我们实验教师从更高的理论视角来审视自己的研究历程，对我们今后课题的开展给予了很有意义的指导。"

（三）运用科学的技术和方法，提升教师研究的内涵——研究本质的主要支撑

因为本次研究是对教师原初经验的揭示、认识和了解，在课堂教学中我们还没有运用课堂观察量表进行科学的课堂教学研究。但随着研究的推进，下一步我们将与实验教师一起，重点研究和开发基于创新素养培养的课堂观察量表，对实验教学进行全程观察、讨论与反思，进一步加强过程性资料的积累，为小学生创新素养发展特点与教师教学行为研究提供科学翔实的研究材料。可喜的是，我们的实验学校和教师在研究中感受到方法的重要性，并产生了很强的内在需求。有了学校教师的主动性，我们的研究之路将走得更远，也更加顺利。

（四）技术力磨砺：思维导图，让教师的职业生涯充满智慧和创新

黄浦区教育学院　张　俊

作为一名从事教师培训的研究人员，我平日在工作中经常会和我们的教师讨论如何提高教学质量、如何生涯规划、如何专业发展等话题。在交谈中，大家不约而同提到，现在对教

师职业的要求比以往更复杂,经常会遇到一些从未见过的新事物、新问题,经常令人感到无能为力。原因在于:(1)这些新事物、新问题大多从未接触过,而且很难从以往的工作中找到参考;(2)这些新事物、新问题大多比较复杂,需要花大量的时间、精力去学习和摸索;(3)隔行如隔山,随着教师专业化程度越来越高,一个教师不可能独立解决所有问题。

面对教师们的现实需求,我试图为教师群体寻找走出困境的良药。但是,最初找到的一些办法,不是对教师理论功底要求太高,就是要求他们投入大量的时间和精力,又或者是操作性不强、效率不高,直到有一天我接触到了思维导图。

一 第一次亲密接触——思维导图的来龙去脉

在"双名"工程教心基地的一次培训中,我接触到了一种制作思维导图的软件 MindMapper,当即被其工具性和实用性所吸引。随着学习的深入,我逐渐发现思维导图就是我多年来苦苦寻找的可以帮助教师的金钥匙。它可以让教师比较顺利的去面对一些从未见过的新事物、新问题。如果运用得当,它甚至可以让教师的职业生涯充满智慧和创新。

思维导图最早由英国著名心理学家托尼·巴赞(Tony Buzan)提出,它本质上是一种对人类大脑发散性思维的表达。它图文并茂,通过颜色、图像、符码的配合使用让人们的思维变得更具有创造性和多样性。"右脑负责创造性和想象,而左脑则进行逻辑分析"。思维导图之所以有效,是因为它能同时调动左右脑。"巴赞说:"思维导图能激发字词、图形、色彩、数字、次序和因此勾画出的图景。如果能同时运用左右脑,你的思维就不仅是简单的能量叠加,而是能量倍增。"

原本自己在思考一些问题时,习惯在纸上一边记录一边思考,经常是从左写到右,像做笔记,或者列清单。但是遇到一些比较复杂的难题时,这种老套的办法就成效很低了。如果需要同时考虑的细节超过一定的数量,我就会觉得迷茫、无所适从。那种简单的清单式的记录方法,并不能揭示出众多细节之间的关系和优先顺序。思维导图则完全相反,它模拟的是大脑真正的思考方式,鲜活、跳跃,甚至很直观。然而当我在一张纸上,用字词、图形的网状形式呈现它们时,我的大脑就会对这些因素进行编程,不但会发现更多容易被忽视的细节,还能对多种相关细节之间的关系进行整合。这样一来,我的思维方式就有了革命性的改变。那些看似复杂的难题在我的脑海中不再是一团乱麻,而是成为了由一些点、线、面、网组成的三维结构。

二 管理决策的金手指——思维导图的神奇力量

我开始将思维导图介绍给我们的教师。每当有人前来求助,我都会尝试着运用思维导图来帮助他们。其实,制作思维导图的准备工作非常简单:一张 A3 大小的白纸、至少 5 种不同颜色的笔、一个修正带就可以了。

我首先会要求教师将与某一管理难点相关的"核心概念"或"思考主题"画在或写在纸张的中央位置,并尽可能的通过颜色、图案以及文字的变化将概念或主题突显出来,因为这一个概念或主题是思维导图的灵魂,也是求助者建构各自思维结构的基石;接着,我会要求他们将一些次要概念放在一些分支上,每一条分支上只选择一个关键词或关键字,简明扼要,一目了然;最后,他们还可以再添加一些颜色和图片,这样可以让思维导图变得更加生动、丰富,也更有利于他们的记忆。在学习思维导图的初期,我们的教师完成一幅思维导图需要耗费比较长的时间,在我的指导下,大约 2 - 3 次以后,大部分的教师大约只需要 30 分钟就可以完成一份不错的思维导图。

我们的教师通过思维导图的制作,可以找到困扰自己管理困境的症结所在,并且可以找到一些解决问题的有效对策。对于那些希望帮助到本校教师的学校管理者来讲,思维导图更是让他们如获至宝。因为,他们不需要再为学科的高度专业化而烦恼了。他们只需要掌握思维导图的方法就可以帮助到大部分他们以前爱莫能助的教师了。至于我,也在一次又一次帮助别人的过程中,逐渐发现思维导图另有神奇的力量。它除了对课程开发、教师发展、学科教研、班级管理有神奇的效果,对校园规划、教室装修、绿化布置、后勤保障等也有不小的作用。

三 自我成长的咨询师——思维导图助自助人

曾经遇到一位小学女教师,在工作中遇到诸多不顺利,如课程开发受阻、个别学生家长带头闹事、班级出现学生伤害事件等等。她逐渐产生了情绪低落、工作倦怠、食欲不振、睡眠质量下降等轻度抑郁症的症状,甚至一度想辞去班主任工作。为了帮助这位女教师重树信心、重新燃起工作激情,找到生活的乐趣,我提出指导她创作思维导图的对策。

我从与工作无关的话题入手,请她制作一幅以"周末"为主题的思维导图。刚开始她无从入手。我拿出四支笔,分别是红色、绿色、蓝色、粉色,先用绿色笔在白纸中央画了一个大大的圆圈,用粉色笔在圈中写下"周末"二字;然后从这个圆向左上、左下、右上、右下四个方向用四种颜色的笔画了 4 条直线,同样各画上一个圆;最后我把四支笔递给他,鼓励她在四个圆中写点什么。她犹豫良久,写下了"迷人的蓝天"、"海边和沙滩"、"父母和孩子"、"美食和电影"。这时,她的思绪已开始被"周末"这个词激发出无数的画面。我鼓励她继续从这四个词出发进行发散性思维,把能够想到的景象用词语、图形、标志、甚至商标涂鸦出来。渐渐地,她的落笔越来越快,不一会儿就将整张 A3 纸都涂满了。这时的她满脸通红、两眼放光,希望我再给她几张纸。就这样,整整一个中午她完成了 5张思维导图。在后来的分析中,她告诉我,从思维导图中她想起了快乐的童年、慈祥的父母、无忧无虑的学生时代,最重要的是她想起了一些以前非常喜欢做的事情,逛街、溜冰、看电影、唱卡拉 OK、吃冰激凌。我请他将这几个词圈出来,并进行美化。她画的很用心,用了所有的颜色。临走时,她看着自己的作品恋恋不舍,提出能否带走。我同意后,她如获至宝般的将思维导图抱在胸前,多次感谢后才离开。

后来,该女教师又来了几次,每次来话都不多,但她都会画上几张思维导图,主题也逐渐由与工作无关的休闲、娱乐,转向课程开发、学生管理、班级制度建设等方面。她不仅走出了抑郁的困扰,回到了正常的工作和生活秩序中,而且还成为了思维导图制作软件 MindMapper 的"忠实粉丝",还将它介绍给本校的其他老师。渐渐地,该校的人际氛围也逐渐由紧张、防备、涣散,转为欣赏、信任、激励。

由此可见,思维导图看似简单,只是画一些圆圈、写出一些词语,标出一些箭头。但是,它的作用往往来自于闲适、随意的思考。有时候,越是随意就越能抓到一个人脑海深处最重要的事实和判断,就越能帮助一个教师发现自己成长过程中的关键所在。最重要的是,思维导图对人的帮助产生于每个人对自我的探索过程中,不需要进行个人隐私的公开和剖析。因此,它对于教师来说,是一种非常好的有助于自我分析与成长的自助工具。

四 学校成长的助推器——思维导图的远大未来

曾有教师疑惑的问我:"思维导图画满箭头,句子也不成行,大家能理解吗?"我告诉他:与传统笔记比较,思维导图确实是这样。但是那些表面上看起来整洁有序的传统笔记,从信息角度讲,其实是杂乱的。因为在那些传统的笔记中,关键信息是隐蔽的,并且混杂于一些不相干的词语中。而思维导图看似充满了凌乱的图表,但是从信息角度讲却是整洁的,它们能及时表明重要的概念及其之间的联系。一句话:"千言万语不及一张图。"

在我看来,思维导图最可能惠及的就是我们的学校教育。首先,对于人类而言,图像和颜色的吸引力始终大于文字。思维导图通过图画的方式引导思考,在表现形式上就可以吸引人们的注意力,有效提高工作效率;其次,人类的思维原本就是呈树状发散结构,思维导图就是将人们的这种思维轨迹再现出来。通过思维导图的训练,会迅速在不同概念之间架起思维的桥梁,甚至产生一种思维的跳跃,将原本不太可能联系起来的东西进行创造性的连接,这无形中会让我们的教育教学、学校管理行为产生异乎寻常的想象力和创造力。

综上所述,思维导图应该还有更为远大的前景,有更多的功能等待我们去开发。它可以在教师生涯中激发出求异思维和发散思维的火花;它还可以在解决难题中引发头脑风暴和团队合作;它甚至可以在我们的课程改革、教师发展等方面带给我们无数的惊喜和超越。

(五) 情感力培育:让每一缕烛光不再被遗忘

——民办随迁子女教师个案研究

浦东教育发展研究院　　王丽琴

一 "城中村"教师:服务农民工子女的新世纪代课教师

(一) 农民工同住子女:备受关注的"流动的花朵"

作为"农民工子女"的下位概念,这个人群一般被用来跟"留守儿童"做对比,系有幸跟着父母进城、在"城中村"的各种小学、初中学校中流连辗转的那群儿童。据统计,对于这个群体的界定与称谓多达十余种,诸如流动儿童、流动人口子女、农民工子女、打工子弟、民工子女、农民工随迁子女、进城务工就业人员子女等等,而且经常混淆使用。

中央教育科学研究所教育政策研究中心主任吴霓研究员多年致力于农民工子女教育问题研究,曾给出这样的定义:流动人口子女包括暂住的属其他城市(县区)户籍的人口子女、暂住的农村进城务工人员子女以及流浪儿童。农村进城务工人员子女指在城市里务工就业、户籍在农村的人员子女,包括

"留守儿童"和随迁进城的子女。对照这个定义,本课题的研究对象主要为农村随迁进城务工人员子女中未能进入公办学校就读的那部分儿童,他们基本上具备以下特征:跟随父母或者一方一起到城市里生活(区别于"留守儿童"),具有农村户籍(区别于城市户籍儿童),义务教育学龄阶段(大多数城市只对义务阶段学龄儿童开放学额),在专收此类学生的民办学校和简易学校就读(区别于已进入公办学校就读的那部分儿童)。这部分儿童比起城市流浪儿童,生活境遇和教育状况相对较好,但比起已进入公办学校就读的流动儿童以及城市户籍儿童来说,父母的社会地位、职业状况应该相对较差,基本上是绝对意义的"农民工",或者说,基本属于绝对底层的城市生存状态。

本课题申报之时,根据上海市教委实施的项目"以招收农民工同住子女为主的民办小学教师培训"中的称呼,为区分"留守儿童",而采用"农民工同住子女"这个称谓,其内涵突出两个方面:一是父母是"农民工"(这也是一个非常复杂的概念,相关研究参见本章的文献综述部分);一是与父母同住,即跟着打工的父母来到了城市生活、学习。

"同住"这个关键性特征,凸现了流动儿童与留守儿童的本质差异。相比之下,"农民工同住子女"拥有在城市边缘、父母身边接受较好教育的机会,不少研究认为其成长条件比留守儿童更为有利。但,他们也同时承受着文化适应、城市居民的歧视以及学业水平的客观差异等压力。政府提出的两为主("以流入地区政府管理为主"和"以全日制公办中小学为主"),则又将这个群体分成了两批:进入公办中小学就读的儿童,和留在其他办学实体中就读的儿童。一般而言,前者的父母在流入地区的就业状况、家庭条件及社会资源等,明显优于后者。因此,留在民办农民工子女学校就读的孩子,往往是城市边缘的最弱势人群(仅优于失去父母庇护、失去受教育机会的城市流浪儿童)。

耐人寻味的是,这个人群的名称这几年又在悄然嬗变。2011年本课题依托的项目被纳入上海市政府实事项目,改名为"以招收来沪务工人员同住子女为主的民办小学教师全员培训",到2012年开展市级提高班和新进教师培训时,又改名为"以招收外来务工随迁子女为主的民办小学教师培训"。细琢磨其中的变化,大致有两个因素使然:

一是淡化"农民工"这个带有明显阶层意识标签的词汇,改用"来沪务工人员"、"外来务工人员"等,希望减轻这个人群的被歧视感。

二是从突出"同住"到突出"随迁",尤其是后期,上海的许多正式或非正式媒体,基本上都用"随迁子女"来进一步简化对这个人群的称呼。

参照"城中村"这个背景性概念,我们可以看到,"农民工同住子女"既不属于城市,也不再属于他们户籍所在的乡村。"随迁"二字,让我们看到社会迁徙权得到部分承认的温馨,但背后的高流动性,又暗示着"迁徙"中的动荡不安对儿童成长的威胁。人们喜欢用"蒲公英"和"浮萍"等漂浮性强的植物来形容这个群体,如果说成年人的迁徙、漂移,更多意味着生机、机会,对儿童尤其是小学阶段的儿童而言,"随迁"应该是一柄双刃剑,更多意味着对新环境的陌生、新学校的不适应。另外,"随迁"也始终是具有双向性的,一旦大城市的流入门槛提高、政策收紧,这些孩子就又随着父母的生计变化而"随迁"

回老家。或者,身为农民工的父母们不得不放弃让孩子与自己"同住"、"随迁"的念头,重新任由他们回归"留守儿童"的状态。

(二) 民办农民工子女学校教师:"城中村"教师概念的提出

这是一个在社会高度流动与分化背景下形成的特殊职业群体,作为教师大群体中的分支,具有以下职业特征:

1. 不同于"公办村校教师"。这里的公办村校教师,已将在村小工作的民办教师、代课教师排除在外。他们虽然在农村工作,但由于拥有公办编制,享受正规教师待遇,收入在农村虽然不算高,但相对稳定,因此还是有一定的职业吸引力。更为重要的是,这些教师大多受过正规的师范教育,有相对稳定的职业认同感,条件成熟时,有机会向城里的公办学校流动。因此,本研究的关注对象——民办农民工子女学校教师,其职业地位明显低于公办村校教师,但由于长期生活在大城市,视野更为开阔,转行、流动的机会比公办村校教师更多,对于刚刚毕业的大学生而言,可能另有一种吸引力。

2. 不同于"代课教师"。这里的代课教师泛指在城乡中小学客观存在的短期从事教师工作,但不拥有正规身份、编制的从业人员,其中,偏远农村依然普遍存在,其生存条件确实非常令人同情,也备受社会和政府重视。每年"两会"期间,都会有关于代课教师的提案,长期从教的代课教师被突然清退、收入低下等问题,都引起了社会的反响,但这个群体从教资质的相对低下,也是不争的事实,很多偏远农村的代课教师,无法强求其拥有正规的教师资质和较高学历。

民办农民工子女学校教师与代课教师群体存在一定的交叉,严格意义上讲,他们都是从事弱势人群教育的弱势教师,流动性大,生存状态令人担忧,但本研究的关注对象大多拥有正规的教师资格证和合格学历,而且从业于政府同意办学的民办学校,有合法性。只要学校生源得到保障,可以长期从业,社会保障、工资待遇等也在逐年提高。因此,本研究的大量访谈发现,不少大学毕业生(含大专)优先考虑到城市边缘的民办农民工子女校就业,而不愿意在老家的村小代课,等待考编、进入公办体系的机遇。

3. 不同于"其他民办校教师"。二十世纪九十年代,《民办教育促进法》推出之后,我国各地都出现了民办教育热,各种规模、层次的民办学校如雨后春笋,在教育的各个层面生根开花。这当中,既有民办高校的异军突起与尴尬生存,也有"名校办民校"的几度火爆又几度降温;既有面向高端人群的国际化民校,以"双语""外国语"等金字招牌吸引家长的高投入,也有面对最底层的农民工家庭的打工子弟学校、简易学校。经过市场的考验和政策的变迁,不容否认,目前的民办学校体系中,分层分类、错位生存是客观事实,而从业于不同的民办校,教师的收入、地位差异甚大。民办农民工子女学校的老师往往把能有机会跳槽到招生人群更为高端的民办校,作为自己比较实际的生涯规划,就充分说明,同属"民办校教师",职业声望和生存状态迥异。

4. 不等于"蚁族"。所谓"蚁族",即"大学毕业生低收入聚居群体",指毕业后无法找到工作或工作收入很低而聚居在城乡结合部的大学生。他们是有如蚂蚁般的"弱小强者",是鲜为人知的庞大群体。同名图书《蚁族》就是描述这一群体的读物,从名称可以看出,该群体具有三个典型特征:大学毕业、低收入、聚居。该群体是大学毕业生群体,即该群体成员均接受过高等教育。研究显示：该群体年龄主要集中在22－29岁之间，以毕业5年内的大学生为主，"80后"占到调查总数的95.3%。群体中大多数人从事简单的技术类和服务类工作，以保险推销、电子器材销售、广告营销、餐饮服务为主。有的甚至完全处于失业状态，全靠家里接济度日。该群体月均收入为1956元，主要聚居于人均月租金377元，人均居住面积不足10平方米的城乡结合部或近郊农村，已经形成了一个个聚居区域——"聚居村"。

民办农民工子女学校中的青年教师可以划为"蚁族"大军中的一类，除了"聚居"这个特征不一定很明显之外（一些学校提供教工宿舍），其职业要求决定了，他们基本上都接受过大专及以上的高等教育，收入也远低于同城市的公办学校教师。本研究的大量访谈显示，2010年底，大多数P区农民工子女校青年教师月收入在1500元以下，2011年暑期后，提高到2500元左右（含三金、四金保险），实际发到手中的收入在2000元以下。对于这群年轻人而言，买房显然是不可能的梦想，主要租住在学校附近的农民房中，月租金平均也在300元以下。

虽然部分青年教师具有"大学毕业生低收入聚居群体"的基本特征，但农民工子女校教师的生活和工作方式又明显不同于"蚁族"。他们由于跟最纯真的儿童朝夕相伴，大多能体会到教育过程的精神慰藉，有一定职业理想和专业忠诚度。本研究还关注了这个教师群体中的部分中年教师、老年教师，他们身上这方面的特质更加明显，尽管同样收入不高，但从业满意度和组织忠诚度明显更高。因此，"蚁族"的提法和相应特征，只能对本研究起一定的启发和方法论指导作用,而不能简单地画等号。

综上所述,本研究关注的民办农民工子女学校教师是一个特殊的职业人群,在国家不断加大对弱势教师群体的关注,逐步消灭"民办教师"和"代课教师"等群落之后,他们应当成为新时期社会关心的重点。为了更准确地命名这个群体,本研究借用"城中村"这个社会学语汇,尝试提出"城中村"教师这个概念,突出其生存于城市边缘,职业地位接近于村校教师、代课教师,有一定职业资质和素养但从业流动性大、职业理想和忠诚度易受影响等特征。

二 研究方法与研究关系的建立

本研究除了问卷调查外,还高度倚重个案研究,更多采用深度访谈等质性研究方法。而在质性研究、个案研究中,研究者的身份交代,以及跟研究对象的关系的建立确实至关重要,不仅涉及研究伦理,也事关研究的信度和效度。笔者率领的研究团队在接触本课题的研究对象时,就是没有办法匿名和隐身的,与研究对象建立起相互信任的研究关系,大致经历了三个阶段:

第一阶段,以专业培训获得认可。

这一阶段,团队主要以培训组织者、主讲教师、带教导师形象出现,以亲和的工作作风、良好的专业形象赢得了大多数学员的认可。以笔者自身的体验为例,前两轮的培训中,笔者在承担培训整体组织和管理的同时,都努力担任了通识培训中的主讲教师,负责《教育原理》课程的开发与实施。虽然与每个班级的学员只有半天的时间做完整的交流,但笔者以自身成长故事带入教育、教育学等原理的阐释之中,获得了学员的好评,反馈满意度都在95%以上。有了这样的良好基础,笔者通过课题申报成为市级课题负责人后,再召集部分学员开展课题研讨时,他们大多没有太多顾虑,非常认同本研究团队提出的各种主张,并予以了积极的配合。

第二阶段,以现场研究赢取信任。

这一阶段,团队组织小分队式的实地调研和课例研究,进入这些教师所在的学校现场,了解其生活与工作的基本场景,在那种自然的场景中随机开展访谈。其中深入十所学校开展的现场调研,是团队成员第一次与研究对象的亲密接触,很多成员来到地处"城中村"地带的学校现场,还是感到很受触动。面对硬件条件的相对落后,师生精神面貌的或阳光、或拘谨,团队里的年轻人以自己的特有方式努力靠近研究对象,触摸他们的精神世界。特别是课例研究的过程中,团队成员基本上要在一个月中连续三次来到老师们身边,通过座谈提炼研究主题,通过课堂观察把握学生学习中的真实状态,活动结束后再手把手地指导老师完成课例研究报告。笔者发现,心理距离在这些努力中慢慢缩短了,甚至在新进学校的教师当中,只要在电话中说,我们是P区教院的、我们是王老师团队的,他们就会相对而言更为放松地迎候我们的到来。

五年中,P区的41所民办农民工子女学校,团队以各种形式走进过30多所,有的去过不下十余次。俗话说,感情是走动出来的,就举一个走进现场的温馨细节吧:P区的KQ小学参与过我们的课例研究活动,第一次去的时候小分队的三个成员完成座谈、告辞离开时,饶有兴趣地跟拴在门口的一只刚断奶的小狗玩了一会,得知是门卫收养的。晚上,学生都放学后,处在一片小树林里头的学校还是挺荒凉的,养个狗狗应该有点作用。一晃一个月过去了,最后一次去该校的时候,我们发现小狗不见了!门卫说,小狗被别人偷走了。看不到这只可爱的小狗,大家难免有点怅然若失……

一只小狗,尚且能如此牵动人的思绪,何况有缘通过课题、研究结识的老师们呢?每次到某校,我们会自然而然问起某老师还在吗?当得知他(或她)考上家乡的编制,回去了,我们会由衷为他们高兴;当得知他(或她)由于各种原因离职而去,失去下落,我们也会有一种隐隐的伤怀。反过来,这些学校的老师遇到一些小麻烦、小需求,哪怕不是团队成员的工作范围,只要他们一个电话过来,我们都会帮忙咨询、帮忙解决。

第三阶段,以深度访谈和志愿服务抵达心灵。

其实在进入现场做研究的同时,团队成员已经开始了大量的公益培训、志愿服务。我们发现,每次报名参加这些公益培训的老师,总有一些熟悉的面孔,通过志愿服务,他们更加愿意接受团队的深度研究要求,进而成为我们的个案对象。而在愿意接受我们深度访谈的个案眼里,我们的形象并不单纯是访谈员、研究者,而更多是志愿者、朋友。2011 年年底,十来个一对一、一对多的个案研究对子开展了深度访谈之后,访谈员和访谈对象均建立了朋友式的关系,并经常通过 QQ、邮箱等保持联系。2013 年,经过连续三年的旁听"爱飞翔"培训,P 区的 20 多名学员建立了自己的 QQ 群,并随着每年的爱飞翔活动而持续不断地扩员。作为课题负责人兼各项公益培训的长期组织者,笔者的精力、心绪越来越多地被这群老师牵动,尤其是结题之后笔者依然感觉没有办法放下这个课题,因为,公益培训一旦上路就很难忍心中断。几年来,笔者陪着这群教师中的坚定者一起组织、参与了很多公益活动,如真爱梦想的梦想沙龙、GE中国研发中心的英语教师培训、北京的飞翔者勇气更新活动、常州的阅读与写作公益活动……

这些衍生性的服务,使得笔者的研究团队和研究对象之间的心理界限逐渐模糊,形成了一定意义的心灵成长共同体。我想,这大概是我们研究之外的收获,也充分说明了研究关系的建立对本研究而言非常重要,也是我们很难保持"价值中立"的一个重要因素。在行文中我们努力减少情感涌现的表达方式,但是无论是个案研究中的叙事与评论,还是行动研究中的案例呈现,都避免不了那种对研究对象的维护、体谅,甚至是"偏爱"。这一点,从狭义的实证研究立场看可能是很忌讳的,但作为质性研究(也属于广义的实证研究)的偏好者,笔者又忍不住要为自己以及团队的这种不够中立而辩护。因为在笔者看来,没有跟研究对象的信任关系,实证型研究尤其是主要依靠现场调研、深度访谈的研究,基本是不可信的。

有趣的是,本研究也不敢单纯依靠这种现场调研和深度访谈,而是同时进行了以问卷为基础的数量化实证调查,这些实证调查报告和高度依赖于研究关系的个案研究报告,形成了价值追求、写作风格均截然不同的格局,这其实真实反映了我们团队在研究方法选择上的纠结与挣扎。如何将质性研究的深入、真切与量性研究的客观、中立形成有机的对话与整合,是本研究一直困惑与追求的,笔者的直觉告诉自己,我们没能做好,我们还要继续努力。

三 十一则个案故事诞生的故事

研究者在开展个案研究之前,从已有研究、定量研究两个方面对民办农民工子女校教师的概貌进行了中观层面的梳理,但我们一直更关注这个群体中的具体个体,而不愿仅仅把他们看作问卷调研中的一个样本、一串数字;他们每个人是非常鲜活的、独一无二的个体。个体的"城中村"教师的喜怒哀乐,更值得我们用个案研究的方式靠近,用叙事的手段呈现他们与众不同的教师人生。我们一共深度挖掘和呈现了十一位老师的个案故事,他们中有年过花甲的退休教师,有 80 后经历过高校大扩招的"蚁族"教师;有获得公办教师资格的幸运者,有始终无望又始终不愿离去的坚守者,也有的已经因多种原因黯然离开了讲台,离开了教育行业。希望这些故事能够帮助读者走近这群教师的生活世界,了解他们的心路历程,从而对这个弱势群体产生发自内心的尊重与理解。

我们主要采取的是深度访谈手段,即为每一位个案对象都配备一名访谈员,对他们进行了 1~2 次面对面访谈,然后主要由访谈员根据访谈录音整理文稿,和个案对象共同完成个案故事。第一次访谈主要集中在 2011 年秋冬,个案故事初稿形成后,2012 年春进行过这些故事的交流与进一步修改,均得到了个案对象的确认。最初完成的 20 余则故事中,有 6 个是由个案对象自己主动要求,以自传的方式完成的,也经过了个案故事的交流,参考他人的故事进行了二次修改。课题结题时,课题组以这些个案故事构成的《被遗忘的烛光——"城中村"教师个案故事集》,一共收集了 28 篇这样的个案和群像故事,共 12 万余字,深深打动了参与结题鉴定的专家和同行。后续的研究中,考虑到篇幅限制以及故事的独特性,我们忍痛割舍掉了一些教师的故事,放弃了所有关于举办者、校长的故事。留下了 11 位老师个案,以及一位局内人老师撰写的群像故事。

为了更好地深度挖掘这 11 个故事,研究者联系上这 11 位老师,分别进行了回访和追踪,了解他们在第一次访谈之后,生活和专业上有哪些变化。由于时间匆促,大多数回访是采取网络形式完成的,主要由个案对象自己完成回访初稿,统一编辑成与原文相对统一的风格。在研究报告最终面向公众时,我们由衷地感谢这 11 位老师,他们不仅面对访谈员敞开了自己的内心世界,讲述真实的心路历程,还无一例外地欣然同意这些故事面向公众。而为了保护他们和故事中提到的相关老师的隐私和利益,11 则个案故事中的主角,我们选择都以化名出现。

　　以《"蚁族"师者在歌唱——三位"城中村"青年男教师的故事》这组故事为例,我们集中呈现了齐贤、丁学青、解力这三位 30 岁上下的男教师到上海民办农民工子女校打拼以来的经历。借用"蚁族"教师这个概念,是受启发于廉思和他的研究团队所做的"蚁族"系列研究。我们曾借问卷调查的手段对民办农民工子女校教师当中 30 岁以下、具有大专以上学历的群体进行过数量化的分析,整体展现这批年轻教师的特征。这三位男教师,正是这个群体中的成员。他们毕业于正规的师范院校,其中丁学青还是全日制本科背景。但由于师范生就业的日益艰难,他们都远离了自己的家乡,选择到上海这样的大都市寻找谋生机会。作为男青年,他们的压力可能比女性教师更大,都遭遇到了生存、发展以及婚恋、立家等方面的困扰。齐贤不得不跟相恋多年的女友分手,解力尽管经过自己的努力已经在上海成立了幸福的三口之家,过上了有房有车的生活(房子偏远一点而已),还是要直面学校生源萎缩、职称等发展机会刚刚起步就可能凋零的考验。

丁学青老师,大概是他们当中最善于苦中取乐的一位,他没有像齐贤那样遭遇婚恋的折磨(爱人是大学同学,一路同甘共苦),也一直比较安心于自己目前的发展状态(曾有机会参与高端民办学校的选拔,他也考虑到离家太远而选择了放弃)。2014年年底,编者还得知,他和爱人又生了一个儿子,凑成了一对"好"字。在由衷地祝福他的同时,其实也真的为他今后的生活压力更增一份忧虑。然而,和他聊起此事时,他微笑着说:"没什么,这世上能有几个人喊你一声爸爸呀,这种幸福和所谓的压力,没有办法比的。"

　　再比如《游走在公办教育的边缘——四位"城中村"老师的亲历亲闻》则展现了在上海这样充满诱惑的高消费城市,"城中村"教师的各种特色见闻。民办农民工子女学校的教师拿着微薄的工资,却要面临学生多、课时多、压力大的工作现状,是坚持在这里实现教育梦想,还是选择转行或继续流动?4位老师展现了4种不同的人生选择:童童幸运地考进了公办小学,开始了自己的体制内生存,工作压力大了许多,却慢慢适应着进入正轨。这样的幸运,不是所有老师都能拥有的,拥有上海市户籍、全日制本科以上学历等入门性要求,把绝大多数"城中村"教师拒之门外。王萍在公办小学代课4年,个人业务上进步很大,但始终没有机会考编,也不知道其他机会在哪里。她曾想过放弃,但每当想起自己最初的信念——"做教师,和学生在一起",她就又坚持了下来,继续坚守着教师岗位。这样的城市代课教师,在上海也不是少数,尤其是人口导入性区域,公办教师缺编严重的情况下,王萍等老师还有那么一点生存的机会。

　　张敏为了爱情失去公办的骨干身份,面对艰苦的生活条件、令人头疼的学生,依然无怨无悔,她相信在民办农民工子女学校一样也能实现自己的人生价值。之前没有预想过要成为教师的张营长,因为一次失败的听课事件,选择了黯然离开民办学校,转而成立了一家属于自己的公益服务机构。他的故事,读来特别有一种男性荷尔蒙的张力,以及创业、奋斗的激情。多年之后,他也放下了对当年离开方式的不甘,而选择了感恩、感激。我们以他的故事作为11则个案的结尾,其实代表了研究者对整个群体的祝福,相信你们只要像张营长一样充满激情、坚守理想,命运会为你们悄然打开另一扇窗。

这些民办农民工子女学校的匆匆过客们,用他们的青春等待着、期盼着与为之奋斗的梦想邂逅……

三 解学生之困:学生学习与成长研究案例精选

（一） 团体心理辅导在提高初中生学习策略中的应用

上海市师资培训中心　时丽娟

一 问题的提出

大量研究表明,良好学习策略的使用是学生进行高效率学习的有效途径之一,不仅能减轻学业负担,同时也能有效地提高学生的学习成绩。为此,了解初中生学习策略的使用水平,帮助他们迅速掌握并使用有效的学习策略,已成为当前教师、家长和学生本人非常关心的问题,同时也是摆在我国教育界和心理学界研究者面前的一项迫切任务。

本课题的研究目的是:在调查和了解初中生学习策略使用水平与特点的基础上,通过团体心理辅导技术帮助学生能够有针对性的采取措施,切实帮助学生提高学习策略的使用水平。

二 研究方法

（一）问卷调查

1. 被试:随机抽取兰田中学预备班和初一年级学生作为调查对象,共 258 人,其中预备班 125 人,初一年级 133 人;男 131 人,女 127 人。根据学生的期中考试成绩确定前 10 名为基础较好的学生,排名最后 10 名为基础薄弱的学生。

2. 测验工具:中学生学习策略量表中学版,包括认知策略、元认知策略、资源管理策略 3 个因子。认知策略包括复述策略、组织策略、精加工策略 3 个维度;元认知策略包括计划策略、监视策略、调节策略 3 个维度;资源管理策略包括时间管理策略、学习环境管理策略、努力管理策略和多项互动策略 4 个维度。问卷采用 5 点量表,每个问题分为"完全符合"、"大致符合"、"部分符合"、"大致不符合"和"完全不符合"5 级选项,其中"1"代表"完全符合","5"代表"完全不符合"。依次分别记分为 1 分、2 分、3 分、4 分和 5 分,得分越低,表示策略运用水平越高。

3. 实施:以班级为单位,使用统一的书面指导语和口头指导语进行集体施测。实际印发问卷 258 份,收回有效问卷 258 份,有效回收率为 100%。

（二）团体心理辅导

1. 团体成员:根据《中学生学习策略量表》调查结果,选择学习策略使用水平较低的学生,作为团体心理辅导对象,共计 20 名。

2. 团体心理辅导方法:采用团体心理辅导的方法,团体辅导为封闭式异质性团体。团体活动共 7 次,根据团体成员的学习策略使用水平,整理出使用水平较低的学习策略,作为团体心理辅导的主题,在此基础上制定团体辅导的总目标及每次活动的子目标,精心设计活动内容,引导学生对活动进行分享感悟、讨论及行为演练。团体辅导结束后采用团体活动自我评估表,让组员进行活动前后自我改变的评估。

三 研究结果和分析

（一）初中生学习策略使用总体情况

认知策略,主要是指学习者对学习材料或信息的加工、存储、提取和应用的策略。元认知策略是学生对自己认知过程的了解和控制策略,它有助于学生有效地安排和调节学习过程。资源管理策略是辅助学生管理可用环境和资源的策略。

表1 学习策略使用情况总表

		认知策略	元认知策略	资源管理策略
年级	六年级	2.11	2.21	2.21
	七年级	2.64	2.60	2.69
性别	男	2.51	2.48	2.55
	女	2.25	2.35	2.36
优差生	基础较好	2.21	2.26	2.27
	基础一般	2.37	2.43	2.49
	基础薄弱	2.58	2.56	2.61
均值		2.38	2.41	2.46

备注:分数越靠小,说明使用策略越高。

由表1可以看出,大部分学生在学习策略使用上,都停留在大致符合和部分符合之间。可见,初中生已经注意到使用学习策略水平还不是很高。进一步发现,六年级学生学习策略使用水平高于七年级;女生高于男生;基础较好的学生高于基础一般和基础薄弱的学生。

表2　学习策略年级、性别分布情况

策略	复述策略	精加工策略	组织策略	计划策略	监视策略	调节策略	时间管理策略	环境管理策略	努力管理策略	多向互动策略
六年级	2.04	1.99	2.29	2.13	2.37	2.14	2.19	2.03	1.95	2.69
七年级	2.69	2.40	2.83	2.69	2.87	2.25	2.95	2.52	2.36	2.93
男	2.57	2.28	2.67	2.52	2.67	2.25	2.69	2.37	2.23	2.90
女	2.17	2.13	2.46	2.32	2.58	2.14	2.45	2.19	2.09	2.71
合计	2.37	2.20	2.56	2.41	2.62	2.20	2.57	2.28	2.16	2.81

总体来说,学习策略在年级分布上,六年级学生使用努力管理策略较多,其次是精加工策略,而七年级学生使用调节策略、努力管理策略较多。

学习策略在性别分布上,男生和女生都倾向于努力管理策略。女生精加工策略的使用相对较多,男生使用调节策略相对较多。

（二）六年级学习策略水平

我们将学习策略的分值换成得分率,即得分率＝该分量表总得分/该分量表总分。统计结果显示,六年级学生学习策略的三个维度及总体应用水平知识处于中等水平,得分率情况是:认知策略62.3%、元认知策略57.7%、资源管理策略60.8%。这就帮助我们更加清晰地看到六年级学生的学习策略的应用水平现状,以便能有针对性的进行训练与提高。我们对三个维度的10个因子的应用水平也进行了统计,结果如下:

表3　学生学习策略3个因子的具体水平

得分率范围	认知策略	元认知策略	资源管理策略
50%～55%		调节策略	多项互动策略
56%～60%	组织策略	监视策略	
61%～65%	精加工策略 复述策略	计划策略	时间管理策略 环境管理策略 努力管理策略

由表3可以看出,六年级学生学习策略的因子水平在61%～65%,而调节策略和多项互动策略的应用最低。

（三）七年级学习策略水平

统计结果显示,七年级学生学习策略的三个维度及总体应用水平知识处于中等水平,得分率情况是:认知策略53.7%、元认知策略51.6%、资源管理策略53.2%。可以看出,七年级学生策略使用水平普遍低于六年级学生,努力管理策略和环境管理策略相对使用较多。具体结果如下:

表4　学生学习策略3个因子的具体水平

得分率范围	认知策略	元认知策略	资源管理策略
45%～50%			时间管理策略
51%～55%	复述策略 精加工策略 组织策略	计划策略 监视策略 调节策略	
56%～60%			努力管理策略 环境管理策略

由表4可以看出,七年级学生学习策略的因子水平在51%－55%,应用最低的是时间管理策略。应用最高的是努

力管理策略和环境管理策略。

四　训练与做法

总体来说,初中生或多或少都在使用学习策略,只不过在策略选择上有所侧重。他们大部分倾向于认知策略,而资源管理策略和元认知策略相对较少。进一步分析发现,他们更倾向于努力管理策略和精加工策略,而监视策略和计划策略等解决问题的策略比较少;同时也出现了,随着年龄的增长,学习策略的应用水平反而下降的现象。学习策略的发展与儿童的年龄有着极大的关联。但若学习策略发展缓慢或使用不当,就会造成学生在付出大量努力时,却收不到相应的回报,极易使他们产生习得性无助感,进而导致学生出现注意力分散、写作业拖沓等现象。学习策略虽然是一种策略性知识,自然获得是一种途径,但一些高级策略只有通过专门的学习才能被儿童掌握并使用。

为此,我们通过团体辅导的形式,对 20 名学生进行五大学习策略主题辅导。目的是通过团体辅导与训练,教会学生学会学习,一方面让学生掌握并灵活运用一些学习策略、方法和技巧,如记忆策略和解决问题策略等等;另一方面增强学生的心理素质,激发学生的巨大潜力,最终达到学生能快乐学习,轻松学习,高效学习。

表5　团体辅导学习策略的主题和相应目标

	主　题	目　　标
开始阶段	热身活动	通过小学自我介绍,寻找共同点,分享暑期学习计划,引入本次活动主题

	主 题	目 标
工作阶段	解决问题策略	通过过河游戏,让学生知道问题解决的过程、步骤和方法
	学习潜能	通过时装秀游戏,让学生正确的认识自我,了解自我,学会挖掘自身的潜能。
工作阶段	学习计划策略	通过学习计划案例,让学生了解制订学习计划的重要性。
	记忆策略	通过记忆游戏,让学生知道一些记忆规律,了解几种记忆策略。
	创新思维策略	通过切苹果,打开学生的思维。
结束阶段		总结团体所得,处理分离焦虑,鼓励大家学以致用。

　　集中对初中生进行团体心理辅导后,学生们纷纷表示受益很大,尤其是对于学习策略,比较感兴趣,表示会在日后学习中使用。但也有部分学生反应,学习策略能否有效转化为自己所用,还需要再思考、再实践、再磨合。为此,我们选取了一所民办初中,集中在心理辅导课中,重点运用一学期时间讲授学习策略。经过一学期的系统学习,学生在课堂上的专注力有了明显提高,同时认识了学习计划的作用,学会制订学习计划,并能做到严格执行,学生们的期末考试成绩也有所提升。

五　相关建议

　　初中生学习压力大,面临着中考,一味的题海战术、加大作业量、延长作业时间等虽然能在一定程度上提高学生的学习成绩，但效率并不是很高。我们应充分利用学校对学生开设的心理辅导课，加大学习策略方面的专门指导，给予学生一定的自由支配时间的权利，结合不同年级学生的特点，分门别类的加以学习策略方面的指导，缓解学生压力，调整合理的学习期望，提高自觉运用学习策略的水平。

（二） 高中青春期教育的实践

——以黄浦区为例

黄浦区教育学院　张　俊

2005 年，上海市教委颁布《上海市中小学生生命教育指导纲要》，要求全市各中小学在小学、初中、高中各年段同时开展青春期教育，帮助青少年及其家长采取正确的态度和方法对待青少年的各种青春期问题。自《纲要》颁布以来，黄浦区结合上海市中心城区的特点，在"办学生喜欢的学校"大背景之下，发挥"精品教育"的优势，把对学生进行青春期教育作为实现上海市教育工作会议"让学生健康快乐成长"目标的一项重要工作来抓。

在具体推进这项工作的过程中，我们区在初中青春期教育全面铺开、并取得丰硕成果的基础上，相继在高中和小学也大力推进高中青春期教育和青春前期教育。尤其是在高中学生的青春期性健康教育方面取得了一些初步的成果。

我们为什么要把高中青春期性健康教育作为重要的突破口呢？目前，在我们的周围，越来越多的高中生面临着因性的忽视、不负责任的决定、不足的性健康教育而导致的诸多问题。高中生男女交往已是让我们所有教育者感到棘手的问题，堵不住后大家又开始司空见惯、见怪不怪，部分老师甚至默许无视。少女怀孕、性病传播、未成年人卖淫等现象也开始出现在我们周围。高中学生的性观念更是出现了一些我们意想不到的新情况，最近的一次调研也证实了我们的担忧。

一　我们的调研

（一）高中学生性观念的现状

1. 调查结果

黄浦区德育室在全区高中范围内进行了高中青春期性健康教育问卷调查。通过网络问卷的方式，我们获得了2100名高中学生的数据。因为调研进行时间在两区正式合并之前，因此这里只是反映原黄浦区域的调研情况。

调查数据在对性与生殖健康知识方面显示：绝大多数高中学生了解青春期身体的一些变化，并能坦然面对。高中学生所了解的青春期生理知识情况，在深度上有明显差别，总体趋向是——高年级组高于低年级组，男学生组高于女学生组；高中学生已具备一定的生育知识，所有高中学生都知道要避免怀孕，甚至大多数高中学生还说得出几种避孕的方法。

调查数据在对交友、恋爱的态度上显示：高中学生之间的男女交往，友谊与恋爱各占一半；男女的相互吸引是非常强烈的，认为高中学生谈恋爱是"应该的"也占了一定的比例，部分高中学生以能找到恋爱对象为自豪。高中学生谈恋爱的特点有二:(1)对于他们的交往,自己往往没有意识到是在谈恋爱,常常是外界因素的催化下才转化为恋情;(2)他们的恋爱是对同学公开,对老师、家长保密。

从问卷调查来看,高中学生的性观念表现如下:(1)能以较为坦然、开放的心态面对"性"。这首先体现在对自己身体生理变化的反应上,他们对自身生理成熟能持坦然、积极的态度;他们渴望对自身成长的知识有正面的科学的了解;他们能从情感的角度进行自我行为的抉择;(2)崇尚个体感受,性法制、性道德观念仍显不足。高中学生中有相当一部分人对性问题持较高的宽容度。他们中有不少把性行为视为纯个人的私事,认为"只要两情相悦,他人就无权过问,即使是法律也不应干涉"和"只要不是性犯罪,个人的性行为就无须顾忌什么道德规范、社会舆论"。

高中学生处理两性交往问题的能力表现如下:相当一部分高中学生能掌握交往的尺度,保持正常的两性交往;但有一部分高中学生难以把握分寸,出现谈恋爱现象。异性之间的交往在一定程度后容易向两个方向发展,一是由于彼此间缺乏很好的沟通而相互疏远,另一是由于彼此之间的关系过于深入导致性行为、怀孕等问题发生。虽然不少高中学生认为异性之间的交往应该停留在友谊阶段,认为自己能把握好友谊与爱情之间的界线,但在实际生活中,大多数高中学生很难把握这种"度"。

2. 结果分析

高中学生青春期身心发展的特点:高中学生的生理发育已基本完成,身体处于"性高峰期",个体"性问题"处于多发阶段;高中学生生理发育与心智发育处于不平衡状态,随着年龄的增高,不平衡状态逐渐减弱;与异性交往由群体交往向一对一交往转化,从接近欲发展到接触欲;从对异性的外在行为评价进入到对个性品质的评价,评价开始有稳定性;处于"自主"的渴求期,是价值观、人生观、世界观形成的关键期。

高中学生情感要求的特点:16～18岁左右的学生,青春期已到了尾声,这一时期的青年对异性的爱慕和追求更趋专一化,进而萌发爱情,自然地进入恋爱季节。社会上各种媒体的诱导以及大量的社会活动参与,加之想脱离学校纪律的约束和摆脱学习压力的欲望,使他们对异性交往的兴趣大增,突破了自我封闭和羞于袒露内心秘密的心理,开始不加掩饰地追求异性,这个时候的"恋爱"已带有一定的选择性、专一性和排他性。但是由于受多种因素的影响,这一阶段的感情还属于不稳定阶段,成功率较低。

高中学生所必须面对的社会现实:随着社会化的进程,越来越多的强调开放与尊重个体感受,这在诱导人们追逐"充分自由"的同时,也会导致许多人漠视道德、法律和社会舆论,这样,它在给予自由的同时也剥夺了人们已有的那些珍贵的东西,如群体的温暖、亲情等。同样,青少年在性观念开放和自我意志高扬的时候,也将面临两个现实问题:第一个问题是他们将面临一个家庭稳定性很差的时代。第二个问题来自青少年自身。当前一般的城市,青少年大多数是独生子女。独生子女家庭的教养观念和方式已成为主流。在这样的教养条件下成长的青少年得到太多的爱却不懂得回馈爱,得到太多的关注却不懂得关心他人,对别人索求责备多而反躬自省少。他们的这些特点如果与自我意志高扬、极端个人主义的性观念想糅合,可以想象,在未来的主要以情感来维系的婚姻家庭中,他们将会是一种怎样的状况。这两个问题是当代高中学生必须面对的。在问卷调查中所反映的高中学生在性行为上拒绝法律、舆论的干预,把性行为视为纯个人的私事,早恋和性行为的制约准则仅以"只要两厢情愿"、"只要不是性犯罪"、"只要不影响学习"为底线,明显缺乏对社会、对他人应有的责任感。

(二)高中学校青春期性健康教育的现状

从调查结果发现,我们的高中青春期性健康教育存在着四大不足:

1. 高中的青春期性健康教育课仍然存在男女生分开上的情况

这样做虽然可以避免一些尴尬,但是,也失去了共同学习交流的机会。其实,不管是一起上还是分开上,到了高中,男女生都应该对异性的性生理,性心理有所了解,而不是男生只知道男生的事,女生只了解女生的事,这样不利于两性的共同成长,实际上,这也会招致高中学生的极度不满。

2. 课堂上师生之间缺乏交流和沟通

这样的高中青春期性健康教育课没有生机。大家反映,青春期性健康教育课贵在双向沟通,学生提问,教师作答,大家一起讨论,这样才能将知识真正消化。否则,单向式的灌输只会让高中学生觉得这些内容并不重要,如此一来,性健康教育的意义就减弱了。

我们有的学校也会请专家、医生到学校做一些广播宣传,专家的讲话或许很精彩,但一对多的形式,也很难有反馈与交流,效果不会很明显。

3. 教师的态度仍未统一,部分教师有抵触情绪

高中教师的态度基本上分成三种类型:(1)反对型。一些高中教师认为这个话题分寸难把握,在课堂上讨论不合适。如果讨论得太深入了,会"带坏"学生的;(2)无所谓型。一些高中教师认为这个话题谈谈也无妨,只要不用他们参与,随便啦;(3)支持型。一些高中教师听说要开展性健康教育,十分赞同。尤其是一些高中班主任认为,性健康教育太有必要了,而且越早越好,高一就得开展,否则晚了,后患无穷。总的来说,对于开展性健康教育这项工作,持赞成态度的高中教师多于持不赞成态度的教师。

4. 忽视对家庭青春期性健康教育的指导

目前,大多数高中的学校家庭教育指导仍然集中在家庭教育方式指导、学习方法指导、亲子关系指导等方面,很少有学校在家长学校开诚布公的和家长谈如何对孩子进行青春期性健康教育。原因集中在两个方面:一是觉得没有必要,那是家长的事,学校没有这个义务;二是不知道如何讲? 讲什么内容? 讲到什么程度? 倒不如不讲。

二 我们的做法

在具体推进高中青春期性健康教育的过程中,我们黄浦区采用了区域整体推进和先行学校特色试点相结合的行动策略。

(一) 区域推进的策略

1. 加强领导,保证课时

我们建立由区教育局分管局长牵头,区教育局体卫艺科、区青保办、区妇联相关部门、区计生委相关部门、区教师进修

学院德育室共同参与的黄浦区青春期教育联席会议,每学年召开一到两次,通报区域内近阶段青春期教育的情况,互通信息,协调各方面的工作。

我们还建立了青春期教育三级管理机制,所谓三级即区教育局分管领导、区教师进修学院德育室青春期教研员、各所学校德育教导。各所学校德育教导兼管青春期教育,每所学校至少配备一名青春期教育专任教师。建立各校青春期教育专任教师花名册,定期进行区一级的教研活动,建立起一支相对比较稳定的青春期教育的教师队伍。

另外,我们在教育局下发的各类文件、通知、学期工作计划中不断强调,要求各所高中根据本校实际,保证青春期性健康教育的教学时间。不少高中利用拓展课、社团课、班会课的时间完成教育局的要求。例如,市八中学利用每周一节的社团课时间,对高中学生进行分享式、谈话式的青春期性健康教育。年青的丁烨老师刚走出大学校园,她的青春期性健康教育课成为了高中学生解答困惑、寻找帮助、人格成长的乐园;金陵中学则发动所有的班主任利用班会课的时间,通过主题谈话课的形式对学生进行青春期性健康教育,且每学期不少于两次。

2. 开发课程,提供资源

为了解决高中教师关于青春期性健康教育"教什么"和"怎么教"的问题,我们提出了"专任教师青春期性健康教育课"和"班主任青春期教育主题谈话课相结合"的思路,并且着手编写具有区本特色的班主任青春期性健康教育用书。编写中我们遵循三大原则:综合性原则(以性健康教育为主,还包含婚姻家庭、同伴交往、亲子沟通、人格成长等内容);衔接性原则(教育内容、方案设计,注意与现有教材的联系,注意与初中区本教材的相互衔接,做到既相互独立又不断深化和发展);独特性原则(依据不同类型学校的学生的特点和各校的实际编写出各具特色的教学设计)。

在相关原则的指导下,在确定班主任用书编写的基本模式、实验教师积累教学案例的基础上,通过反复实践、反复修改,我们正逐步形成具有地方课程形态的、操作性强、特色鲜明的高中青春期性健康教育区本教材。目前,我们已收录了部分游戏活动、教学设计、主题活动、社会实践、个别辅导案例和家长学校讲稿等,将来再充实完善,形成系列,并附上一些优秀的、可供借鉴的教学光盘。

3. 课题引领,多方合作

我们通过教研员引领课题的形式,组织一批高中率先开展研究。在研究过程中,我们强调校际间联合,尤其是参与研究教师的联系是相当紧密的,我们定期召开的研讨会把大家集合到一起,形成了专门学习、研究、探讨的共同体。我们还建立了专门的公共邮箱、飞信群,方便大家一有灵感及时联系。

我们也重视动员社会力量,黄浦区妇联是卓有成效的合作者。我们教育系统发挥教育教学科研等方面的主体作用,组织选拔优秀教师参与合作项目;区妇联则提供相关政策法规、保健知识和技术的支持,还提供机会,让我们的青春期教师有机会参与外系统、高规格的相关培训。我们合力开辟了对高中学生非在校时间进行青春期性健康教育的新途径,组建了一支青春期教育志愿者服务队。组织优秀青春期教育教师走近家庭、走近社区,通过青春期教育讲座、义务咨询、团体辅导、编辑宣传资料等丰富多彩的形式,对高中学生家长如何在家庭中对子女进行青春期性健康教育提供帮助和指导。自去年开始,我们还开展了在高中进行关于"男女平等"国策进课堂的项目合作,受到市、区妇女儿童工作委员会、区人大政协领导的肯定和表扬。今年,此项工作还被区妇联作为"十二五"期间的一项重要工作纳入规划。

另外,我们还和区计生委合作组织部分优秀青春期教育教师对舞厅、卡拉 OK、夜总会等公共娱乐场所的工作人员进行预防艾滋病、《未成年人保护法》等方面的教育。在双方的通力合作下,我们的青春期教育实现了进社区、进家庭。

4. 教师培训,队伍建设

加强师资队伍建设是搞好高中青春期性健康教育的关键,我们积极推广以专任青春期性健康教育教师为专家,班主任为骨干,全体教师共同参与的高中青春期性健康教育工作机制。我们提供经费、搭建平台,通过请进来、走出去、动起来的方式提高高中教师进行青春期性健康教育的意识和能力。

(1) 请进来。我们以送免费讲座的形式,请专家将青春期性健康教育工作讲座送到各所高中。我们还曾经请特级教师杨敏毅给我们的德育教导专门做了一次相关讲座。我们认为,学校行政的理解、支持对于高中青春期性健康教育的顺利开展非常重要。今天,金陵中学曾书记的青春期教育课让我们非常享受,也非常的感动。

(2) 走出去。我们多次组织高中青春期教育的专任教师走出去,学习外区、外地的先进经验。复旦大学、上海市精神卫生中心、南京陶老师工作室、静安区家庭教育中心都有我们老师的足迹。由于走出去的目的很明确,听介绍、听讲座、听辅导,每一次走出去都是一次培训,每一次都收获颇多。

（3）动起来。我们积极组织各种展示、研讨、沙龙、工作坊等活动,把每一次的展示研讨活动当作培训教师的过程。我们极力主张将各种会议研讨放到基层学校,让我们的老师动起来,多走走、多看看、多讲讲,实现培训、工作、研究的一体化。今天金陵的展示研讨活动就是一次非常好的培训过程。

通过多方位、分层次培训,逐步提高了从事高中青春期教育教师的基本理论、专业素养和教育水平。逐渐的,一支以周隽、沙海燕、陆洪范为骨干的高中青春期教育专任教师队伍开始逐渐形成。储能中学的沙海燕老师还曾经获得过由市中小学德育研究协会组织的高中青春期教育示范课评比一等奖。

5. 点面结合,及时推广

在实践过程中,确立一些诸如格致中学、金陵中学、储能中学这样的先行攻关学校,在不同方面进行突破。比如,格致中学在如何对重点高中的学生进行青春期性健康教育的内容方面进行了突破。周隽老师大胆尝试,和高中学生"谈谈情、说说爱",不仅有深度、还有广度。她和高中学生谈爱情、谈家庭、谈责任、谈人生,受到学生的追捧。金陵中学则在普通完中青春期性健康教育的模式方面进行了探索,他们由行政领导带头,将班主任纳入高中学生青春期性健康教育的队伍,不仅在班主任培训中加入这方面的内容,而且还鼓励班主任以"主题谈话课"的形式上青春期性健康教育课。储能中学将高初中联动的成功经验运用到了青春期性健康教育中,同伴辅导的力量不仅使初中学生得益,作为小老师的高中学生得到了更大的成长。

当各校的研究取得阶段性成果的时候,我们通过编印活动方案集、召开现场会、观摩会、报告会等形式,再加上行政手段,强有力地加以及时推广。同时,先行学校作为领先者、示范者进行更为深入、全面、细致和富有创造性的研究与实践,点面结合,以点带面,边研究、边学习、边实践、边推广,使工作开展得有条不紊、生机勃勃,形成了独特的研究与推广的范式。今天我们在金陵的展示原本就是其中的一环。

(二) 先行学校的行动策略

1. 教育目标——明确化和具体化

青春期性健康教育不同于一般的教育,这是一个比较敏感的话题,在高中课堂上公开讨论,内容的涉及、分寸的把握必须仔细推敲拿捏。所以,我们的先行学校在开展青春期性健康教育前,先明确教育目标。归纳起来,大致包含以下目标:

使高中生树立健康的性意识、性观念、把握好自身的性行为。

让高中生了解过早性行为的后果,从而降低性罪错的发生率。

帮助高中生进行正常的异性交往,丰富自己的交友生活。

让高中生知道性病、毒品、烟酒的危害,从而提高警惕,远离它们。

帮助高中生解除在青春期中遇到的各种困惑,从而使他们以积极的心态投入学习生活中去。

帮助高中生初步了解爱情与婚姻的关系,为今后的家庭生活植下正确的观念。

2. 教育内容——预设性与生成性

在实践中,各先行学校青春期性健康教育教师根据既定的目标,结合现有教材,牢牢把握教育时机,用好、讲好相关内容。

与此同时,先行学校还依据高中学生的需要与特点,不断地拓展与丰富高中青春期性健康教育的内容。例如,刚升入高中的学生进入新的学习环境,面临着学习压力的增大等问题外,更为人际关系的不适应感到困惑,《男孩女孩怎样交往》、《我爸我妈》等活动应运而生;当高中学生为身边日益增加的社会问题感到担忧的时候,《预防艾滋病》、《伪娘与春哥》等专题也随之产生。先行学校充分利用现有的教材,自编教学活动方案,同时依据高中学生的需要,不断丰富和生成新的高中青春期性健康教育内容,形成了特有的、既是预设固定又是动态生成的教育内容体系。

3. 教育形式——丰富性和创新性

当解决了"教什么"的同时,"怎么教"同样是摆在我们面前的一个棘手问题。为了改变以往单纯教导、单向传授、枯燥乏味的青春期教育形式,使高中学生真正成为积极、主动的学习者、参与者,许多先行学校努力创设以活动为主的形式丰富的互动式教育形式:有主题活动、同伴教育;有集体活动、个别教育;甚至还有辩论会、博客会……让高中学生在丰富多彩的活动中获得成长中必要的知识,树立正确的青春期性健康观念和态度。特别值得一提的有两种教育形式,即储能中学的高初中同伴互动式和市八中学的师生社团式。

4. 教育手段——现代化和个性化

根据高中青春期教育的特点、高中学生身心发展的特点以及时代发展的特点,我们改变了传统的口耳相授、黑板粉笔的教育手段,将现代教育技术引入高中青春期性健康教育。

先行学校以学生喜闻乐见的、互动的、个性化的手段组织教学,例如,看录像通过观看《花季雨季》,让高中学生充分认识自我,有效地防止"雨季"发生,以微笑的心态走向花季;利用网络进行学习。在学校主页上设置"心灵之约"栏目,高中学生可以通过校园网了解青春期的相关知识,也可以通过这个渠道倾诉自己的快乐和忧愁,还可以得到教师的帮助。

一位中年男班主任老师在上某一敏感话题的专题时,为了避免尴尬,充分利用自己的个人特长。他根据课前的调查,设计了一个师生网络互动页面,将高中学生的问题一一在网络上作答,学生可以选择自己最想了解的内容分别点击,同时可以在聊天室与同学进行讨论,实现集体教育下的个体化学习和参与的互动式学习。由于教育手段的更新与丰富,不但提高了教育的效率,而且倍受学生的喜欢,增加了教育的实效性。

5. 教育途径——多通道和齐合力

学校是对高中学生进行青春期性健康教育的主渠道,除了专任教师外,班主任及所有的任课教师都是当然的责任人。在实践中,大家还认识到关心学生的成长其实是全社会的事,让高中学生关注社会、接触社会同样是其成长的必需。拓宽高中青春期性健康教育的途径是必需之举:

首先是家庭教育。大多数先行学校通过家长学校,请专家给家长做讲座,使我们的高中生家长进一步了解青春期孩子身心发展的特点;收集大量的高中学生在青春期阶段行为偏差的案例以引起家长对这一问题的高度重视;介绍父母与子女在这方面相互沟通的技巧,使家长在提高认识水平和教育水平的基础上正确面对处于青春期发育的孩子,从而实现

"家长是孩子最亲近的老师"这一目标。

其次是社区教育。部分先行学校通过开展社会实践活动,让高中学生在与社会的接触中体验、感悟。通过参观、听讲座、出板报等形式接受鲜活的青春期教育、预防艾滋病教育。

第三是整合各校的咨询室、信箱、热线、小报、读物等资源,延伸高中青春期性健康教育的途径。通过整合和互通有无,营造一种互补的、共享的高中青春期性健康教育的环境和氛围,使需要得到帮助的学生可以方便地、及时地通过不同渠道接受教育和指导,寻找他们所需要的答案。

三　我们的设想

1. 提高学校领导对高中青春期性健康教育的重视度

性健康教育对改变青少年性行为会产生多大效果？是否会产生令人担心的负面效应(诱导青少年从事过早的性行为?)这个问题困扰着我们的高中校长。他们也因此对高中青春期性健康教育心存顾虑。

实际上,国内外的研究已经证明,青春期性健康教育确实会增加青少年的性知识,但是,没有证据表明性健康教育导致了青少年过早的性行为或性活动增加,而是大大减少了少女意外怀孕和未成年人卖淫等情况的发生;此外,可以促使那些已经有过性活动的青少年拥有更加安全、健康的性保护措施。

由此可见,高中青春期性健康教育不是要缓行,而是应该引起我们高中校长的更多关注。只要校长重视了,高中青春期性健康教育的课时、师资、教师待遇等等问题才能迎刃而解。

2. 要加强专任老师的性健康教育专业培训

这里所指的专任教师指学校中专门负责全校青春期教育的大纲设计、课程实施、个别辅导以及指导其他教师进行青春期性健康教育的教师。不论他是全职还是兼职，都必须接受过系统化的科学培训。他们在至少数百小时的专业熏陶中，除了学习如何对高中学生进行青春期性健康教育之外，还要学习如何指导其他教师和学生家长对孩子进行青春期性健康教育。

3. 要加强教材（教学资料）的开发

要开展高中青春期性健康教育，教师们最需要的就是教材（教学资料），而高中学生也需要适合学习的资料。虽然我们区正在汇编《高中青春期教育的班主任使用手册》，但多是实践层面的指导，我们仍然急需理论性和实践指导性更强的高中青春期性健康教育教材（教学资料），所以非常希望得到上海市青春期教育专业委员会在这方面的支持和帮助。

4. 进一步形成高中青春期性健康教育的联动机制

高中青春期性健康教育不单单是学校的事，而是一项社会系统工程。在多方努力下，形成校内外联动，学校、家庭、医院、社区四位一体的高中青春期性健康教育机制是青春期性健康教育真正取得实效的关键，也是我们今后努力的方向。

总的看来，高中青春期性健康教育还处在起步阶段，在其发展过程中尚存在一些问题，但是其重要性是不言而喻的。

高中如何开展青春期性健康教育，还要从我们的国情、区情出发，还要从我们的素质教育现状出发，更重要的是从高中学生的真正需求出发。

（三） 发展目标和意义感，提升
抗逆力的团体干预报告

上海市市东中学　陈　媛

抗逆力是近年来积极心理学领域研究的热点之一。有些孩子虽然处于不利环境中,却能够成功地应对而没有发展出严重的问题,这些孩子表现出了心理层面的弹性,这就是抗逆力。抗逆力是一种积极的人格品质,是对生物、心理、社会和环境中其他复杂影响的能动反应,是和发展联系在一起的。抗逆力强的孩子相对来说发展得更好。多数研究者将抗逆力分为外在保护因子和内在保护因子两部分,外在保护因子指的是个体所处的环境中所具有的促进个体积极应对困境的条件与资源,内在保护因子指的是个体自身具备的能够应对困境的人格特质和心理能力。目标感和有意义的感觉是抗逆力的内在保护因子之一,是指生活有目标并且相信自己的生活是独特而有意义的。本研究的目的即是探索在学校心理健康教育中如何更加有效地促进学生的目标感和意义感,以达到抗逆力的提升。

一　学生现状分析

高中生已经开始思考自己的人生发展,但缺乏方向性和具体的行动指导。在这一阶段的学生,一方面希望自己能有一个明确的目标,一方面又会为自己设定的目标是否是自己真正想要的而困惑,有一部分同学甚至为不知道自己的目标是什么而苦恼。同时又常常出现这样的情况:当一名高中生被问及"你的目标是什么?"的时候,得到的答案往往会是"考上理想的大学";当被问及"你为什么以此为目标?"时,得到的答案往往会是"不然以什么为目标呢? 上高中不就是为了考大学吗?"从这些现象中可以看出,高中生在确立目标上主要有两方面的问题,从主观上看,问题在于不了解自己到底想要什么和能要什么;从客观上看,高中生所处的教育环境、社会和家庭期望使其被动地把"考大学"视为目标的全部。

本干预计划希望借助生涯辅导,帮助同学学会如何确立目标,指导同学建立自己的目标系统,包括短期的目标和长期的目标、学业和生活其他方面的目标,促使同学积极地为实现目标而付诸行动。

二 团体干预实施过程

心理团体辅导是学校心理健康教育的主要方式,也是团体心理干预的一个高效途径,因此,本研究以心理团体辅导的形式开展。目标感和意义感是抗逆力的一个内在保护因子,更多地表现在个人内心的体验和领悟上,对此因子的干预采用内省练习的方式来进行,而不是以往心理团体辅导中采用的互动分享方式。整个干预过程共实施了三次团体心理辅导,通过主题活动激发学生内在体验,结合相应的理论和方法指导,再通过内省练习帮助学生理清思路,探索自我,寻求方法,付诸行动。

1. 价值观澄清帮助学生聚焦目标

1.1 主题活动:生涯大拍卖

这是一个经典的生涯辅导活动。一个人想要获得成功,必须先要明白自己需要什么,因为"需要"是一个人努力的原动力。在平时与学生的交流中,常常听到学生说:我不知道我学习到底是为了什么? 是考大学吗? 好像这是我父母的需要。所以通过这一活动,可以帮助学生比较清晰地看到自己的爱好,明白自己的需要。在活动中拍卖的各项生涯中,有的是比较现实的近期需要,有的是长期的甚至是一生的需要,还有的是比较理想状态中的需要。希望通过这一活动能够帮助学生明确个人的价值取向,聚焦自己所追求的价值以及获得这些价值的意义。

1.2 内省练习

(1) 你到底想要什么? 为什么?

第一步:把自己最想要的依次罗列出来

第二步:按顺序逐一回答自己想要这些的原因

第三步:对每一个自己想要的都追问以下几个问题:

这真的是我自己想要的目标吗?

如果没有外界的压力或影响,我还会要这个目标吗?

如果不是为了虚荣或面子,我还会要这个目标吗?

这个目标能让我快乐吗?

这个目标能让我实现我自己的价值吗?

第四步:把不是你真正想要的目标删去,然后认真想想自己到底想要什么,把它们写下来。

第五步:谈一谈感受和发现

(2) 假如你的生命只剩下……你最想完成的三件事?

这是心理咨询中常见的作业之一,要点不在于死,而恰恰在于生,在于提醒人要过有意义的人生,在于帮助学生确立有意义的人生目标。

2. 建立目标系统为行动做好准备

2.1 主题活动:人生水晶球

青少年时期的重要发展任务之一就是确立目标和和制定实现目标的行动计划。绝大多数人在青少年时期开始思考寻找和确立自己的人生目标,然而在当前的教育中,学生又往往会把"考大学"这一阶段性目标当作人生目标,无暇思考、也不会思考人生问题,但同时又会不断对自己的目标产生怀疑。这一活动旨在帮助学生学会规划自己的人生,学会确立人生不同阶段的分目标。活动引导学生主动构筑"理想我",明确自己的人生目标,引发学生的成就动机。帮助学生认识到"达成目标是一个渐进的过程,需要为此投入足够的时间和精力,促使学生为实现理想自我而付出努力"。

2.2 理论指导:树立目标的 SMART 模式

树立目标的 SMART 模式,是指 Specific(具体化)、Measurable(可衡量)、Attainable(可行)、Realistic(切实),以及Trackable(可追踪)。

通过这一模式的学习,让学生明确树立目标的几个重要元素,以便更进一步地制定个人目标系统。

2.3 内省练习:我的人生规划

所谓规划,就是将未来摆放在面前,然后现在就为它做些事情。请学生想象一下,在未来的日子里,将拥有怎样的生活呢? 会干什么? 与什么人在一起? 在每个年龄段,什么对其来说是最重要的呢?

请学生思考人生不同阶段的理想状态并写下来。

3. 能够并且采取行动是感受人生意义的重要一步

3.1 主题活动:寻找失落的一角

感受不到自我存在的意义往往是因为不能正确地认识自我,不能接受不完美的自我和环境,不会发现自己的优势所在。这一活动通过寓言故事《失落的一角》,展现了一个先天少了一个角的圆从不快乐到快乐,又从快乐到不快乐,最后丢掉那一角,再一次重新找到快乐的过程。让每个学生在简单的故事情节中去思考一个个问题——失与得的关系是什么?缺陷的存在是否就是一个坏事情? 我们的人生目标是否就是寻找那个缺失的一角? ……接下来,他们会看到《五体不满足》作者乙武洋匡的故事,会看到一个没有四肢的人如何面对缺陷,如何面对人生,会得到很大的震撼。活动旨在引导学生学会认真的考虑如何对待自己的不完美,从而接受真正的自我,丢掉自卑,更加乐观的生活,感受人生的意义。

3.2 内省练习:你能够要什么? 你能够做什么?

在前一阶段的内省练习中学生已经为自己设定了个人目标系统,即人生不同阶段的理想状态。这一阶段的练习要求学生将思考重点放在行动上。这是最艰难的,因为要求停止梦想而切实地开始行动。请学生针对每阶段的理想状态,回答"我能够做什么?"

三 对干预有效性的思考和说明

1. 干预前后的抗逆力测试结果

此次干预选取了我校高二(7)班共 37 人作为研究对象,在干预前后对该班学生进行了抗逆力测试,两次测试的结果如下:

表1 干预前测试目标和意义感因子得分情况

	高	中	低
人数	23	9	5
百分比	62.2%	24.3%	13.5%

表2 干预后测试目标和意义感因子得分情况

	高	中	低
人数	32	4	1
百分比	85.5%	10.8%	2.7%

2. 内省练习在干预过程中的作用

内省练习是此次干预的主要措施,同时也是对干预效果进行评估的一个重要依据。在实施过程中要结合主题活动来开展,主题活动是心理团体辅导活动的核心内容,主要起到创设情境、激发学生体验的作用。从抗逆力培养的角度来说,干预计划中的主题活动是否能起到提升目标和意义感的作用呢?如何了解学生的这一内在认知是否有变化?这是笔者在研究中一直思考的问题,内省练习为解决这一问题提供了答案。

内省练习是干预的一部分。内省练习是结合主题活动的目标经过精心设计的,给学生提供了具有一定指导性的思考问题。第一次干预活动以价值观澄清为干预目的,内省练习则要求学生思考自己到底想要的是什么以及理由是什么。"自己想要的"这就是目标,但此时的目标还是比较笼统的,需要进一步细化;"为什么要"则是目标对于自己的意义所在,内省练习要求学生思考理由是什么,并且质疑这些理由,最后进行取舍和确认。第二次干预活动以制定目标系统为干预目的,通过内省练习帮助学生将人生的总目标细化为一系列的分目标,并以人生的年龄阶段指引学生思考各阶段的主要任务是什么,学生能够在此次练习中学会全面地看待人生,领悟到各个分目标之间也是有递进的关系,前一阶段目标的实现是下一阶段目标的必备条件。第三次干预活动以激发行动为干预目的,内省练习要求学生思考"我能要什么? 我能做什么?",这涉及对自己主客观条件的认识和了解。人有无限发展的潜能,但潜能的分布是不均衡的,每个人都有自己的优势潜能,只要有可能,就要尽力去发掘,要将其付诸实际行动。

内省练习给予学生一个深刻自省的机会。自省也是一种能力。在日常的心理辅导工作中笔者发现,学生能够在团体辅导活动中产生体验,但却不能更进一步地思考和感悟,是不愿还是不会? 这是笔者一直以来在思考的问题。在和学生的交流后,学生的反馈是"不知道该以怎么样的思路去思考问题"。因此,在此次干预中笔者设计了与主题活动目标一致的内省练习,给同学们提供了一系列的层层递进的问题去回答,这就是一种思维方向性的指导。对于提升目标和意义感来说,内省练习更能够挖掘出学生的思维盲区。

3. 提升学生目标和意义感的几点思考

3.1 目标和意义感对抗逆力培养的作用

提升目标和意义感能够使人产生积极信念,提高个人的内控程度使行动具备持续的动力。

心理学将人分为内控型和外控型。内控型的人会认为自己的收获与幸福很大程度上取决于自己的决定和自己付出的努力;自己相信自己总能找到办法解决问题;当自己不能影响或改变将要发生的事情时,可以平静地面对它们,至少不让它们过于影响自己的生活和心情。外控型的人则往往把结果的好坏归因于外部条件，虽一时可获得内心的安慰，但长远看来不利于问题的解决。大凡内控型的人，更具有自觉意识和自主精神，一旦确定了明确的目标，能执著于自己的目标和理想，不轻易为环境变故所动，即使环境不利于自己目标的实现，也会想方设法去创造或是改变自己的处境，变劣势为优势，这就是抗逆力发挥作用的体现。外控型的人也不是没有内控的时候，在一定的条件下，也会有内控的表现，目标和意义感的提升可使其感受到自己内在力量的存在，使其对自生能力和行为产生信心，从而增强内控程度。

3.2 寻找目标的过程同样具有意义

就人生的目标来说，人的需要不仅体现在对目标的渴望上，也体现在对目标追求的过程体验上。不少学生会因为自己的目标不明确或目标不是自己渴望的而感到茫然、困惑，也会因为不知道如何确立目标而迷茫，更有一部分学生不愿去追寻目标。在他们看来，没有目标的人生是没有意义的，这个想法固然不错，但忽略了目标不是天生就有的，是需要不断认识自我，挖掘潜力，是一个不断试错、排错选择和取舍的过程。在找到目标之前需要付出很多努力，这些努力能够帮助我们获得必要的知识和能力，也能够完善自身的性格。在这个过程中，个人的意志、毅力、耐心和责任心都会受到锻炼，而这些锻炼又会成为实现人生目标的重要资源。

3.3 每个人有责任让自己的目标更加有意义

目标是一个不断提升自己的过程，目标的制定必然是要高于自己的现状的需求的。因此，赋予目标意义也是一个最大的意义。在干预中教给学生树立目标的 smart 模式，用来分析目标。首先,目标要尽量提的具体,要有标准可以衡量;其次,目标之所以为目标,正是因为我们当前还不能达到它,所以,它是作为一种可能性而存在的。但是,一个人的目标还得切实可行才好。要把切实可行性和富有挑战性相互兼顾起来。目标应该是挑战自己,挑战能力,最大化地挖掘自己的潜能,如果能轻而易举地达成目标,那就没有提升自己的能力。自我评估目标的可行性,这同时就是一个赋予目标意义的过程。

3.4 提升目标和意义感须注意的问题

在干预过程中有必要让学生明白以下的问题:一是在明白自己真正想要什么的同时,一定要清楚自己想要的与社会利益或是价值观又没有本质的冲突。例如:有学生把自己的目标设定为"赚很多钱,然后过上不用工作,享受生活的日子。"这样的目标本身就是矛盾的,如果不用工作,又如何去赚很多钱。而"不用工作享受生活"听上去很美,也许会是很多人的向往,然而这是与社会会主流价值取向相悖的。

二是要了解这个世界上只有极少数人是在人生很早期的时候就有了明确的终极目标的,对绝大多数人来说,起初只是由一个或几个阶段性的目标,因此不必强求自己一定要在现在就制定一个一生的目标。在实现阶段性目标的过程中,大多数人能够逐渐深入的认识自我,发现自己新的潜能,然后才能制定更进一步或更为长远的规划。

第二编

新起点
站在高处飞翔

一 在跨越梦想中成长

（一） 用脚步丈量梦想

上海市金山初级中学　徐永梅

当第三期上海市双名工程基地学员招募时,我的心中满含好奇与期待。我梦想有一天能用自己的脚步来丈量上海的每一个角落,梦想有一天能将自己存在的价值发挥到无穷大,梦想有一天可以抛弃功利、抛弃世俗去做自己想做却没有机会或是不敢做的事情,用自己的脚步去丈量心中梦想的距离。

蓦然回首,抽屉里一张张的金山铁路火车票根,见证着从踏上双名教心基地时激动又惶恐的那一刻,已被岁月之河冲出了五年之远。那是一个高端的沟通平台,更是一个共同的精神家园,穿梭于学校与基地两点一线,行走于学习与实践之间,它让我明白作为一名教师什么是珍贵? 那就是每一节成功的课堂、每一个成功的教育个案、每一次学术交流以及成功地进行思想碰撞的机会……

一 梦想启航

"小徐,金山蛮远的,交通很不方便的,路上很辛苦哦……

课题研究不要怕,把五年学习的研究方向、研究课题,把自己的想法说出来,科研专家会给你做选题指导,并会提出意见和建议……"把学员的发展时刻记在心上,他就是我的导师——魏耀发院长。那个春天感觉特别温暖。

第一次听到导师教诲时的顿悟

在我申报之前,我对名师的认识只是通过教研员马老师有所了解。第一次和导师面对面,心里有一股无言的紧张,充满着想和导师握个手的欲望,感觉就像社会上的追星族终于见到偶像的一瞬间的心颤。工作二十载,也听到过许多专家的报告、讲座,但是真正意义上听到导师的声音还真是第一次,可贵之处是零距离听到,听师一席话,胜读十年书。还清晰地记得基地学员第一天相聚在黄浦区教育学院(汉口路)的活动情景。导师说:"问题就是课题",五年内可以做一个课题,把它做深,做大。

第一次悦享"博士生"的学习机遇

基地共有学员 8 名,却给我们配备了将近 20 名的导师,学员与导师的比例实属博士生的学习待遇。四年多来聆听过的培训讲座不胜枚举,跟着导师的课题团队观课、议课,也有好多次,自我感觉是学习有深度,实践有压力。

我们在导师们的带领下"侃教育大山",从苏忧老师的"选准方向,走好科研第一步"到徐崇文老师的"学习与研究散谈",从林崇德老师的"心理和谐——心理健康教育的指导思想"到顾泠沅老师的《经验筛选法为中心的教学实验》,专家讲座不胜枚举,大家彼此互通信息,交流看法,知无不言,言无不尽。在激烈的讨论中碰撞出智慧的火花。更重要的是,在讨论与碰撞中我们读懂了不同的思维方式"跳出教育看教育",学会了开启智慧的另一扇窗户。如此,我学会了学习,学会了获取,学会了边汲取养料边消化成长。

学习期间,导师一场场精彩的报告和点评,一次次悉心的指导,哪怕是一次平易近人的交谈,都是生动的经验传授、无微不至的关怀和鼓励,不断引领着我迈向科研的新高地。导师对教育无限热爱之情,对教育艺术的执著追求、刻苦钻研,对教育事业的无私奉献精神让我敬佩、感动。

第一次踏上"创当日之最"的学习之旅

将近 5 年的学习之旅,说不累,那是违心的! 记得有一次,基地组织学员们去浦东的蒲公英幼儿园开展学习活动,那一次学习,实现了当日的几个之最:一是我 6:30 乘上车,虽马不停蹄,到达目的地已是 10:20,足足迟到了一个半小时,好汗颜;二是那天我花了 1.50 元钱却乘了 2 个小时的公交车,性价比之高实属之最;三是来回的地铁换乘,我特意掐指一数共经过了 86 个地铁站点,回来的路上给自己狠狠点了一个赞。

都说有付出就有回报,每次这样的丈量脚步,我相信肯定能让我欣赏到"山顶"上最独特的美景。果真如此,学习期间,主持人朱连云老师布置了一个我们从未尝试过的任务,那就是,以我们每个人工作、学习、实践或研究中的特色亮点为内容进行一次 TED 演讲。这种全新的形式对我们来说也是一个挑战,然后我们搜索浏览网易公开课的 TED 演讲,力图尽快了解这种演讲的方式方法;我们仔细梳理自己多年来的教育教学实践,力图找出值得交流的研究经验;我们一遍遍地模拟演讲,力图使自己显得从容不迫。然而由于自己对 TED 的认识不足,第一次预演存在着很大的缺陷,导师犀利地指出我们的问题所在,那就是一定要体现自己的实践操作过程。在经过反复的修改之后,在正式的展示中得到了导师的肯定,至今我们仍能感受到当时的忐忑不安,也真切的感激导师们对我们的鼓励和指导。

基地的学习之旅虽累但是美丽。不管过程有多么艰辛,我自信我不会停步,人生就应当是这样一个实现梦想的过程。每一个第一次与梦想就靠近了一步。

二 梦想搭档

八位梦想新搭档,怀着共同的愿望,拜师于魏耀发和朱连云两位老师的名师教心二组基地。

从此,交流、研讨、通识培训、游学、联合展示,在一次次团队活动中,我们相识、相交并相知;

从此,围绕当前教育的一个个热点,我们直面以对、互相切磋、相互鼓励;

从此,在深层互动中,我们共享高优资源、分享成功喜悦、同塑团队精神;

从此,在互相信任中,我们廓清认识、改进方法、梳理经验、积淀智慧;

我们在基地,进取、求真、合作,形成共同的行动观念和不同的风格特色。

他们都有不断进取之精神。

大家渴望借助基地学习来促进自身专业化发展,这也正是我们能够跨越区域的界限而在基地相识并走到一起,形成一个共同体的原因。尽管都是区域的骨干,然而大家并没有满足于已有的水平和取得的成绩,都渴望借助这次学习使自己走得更远。正是源于这样的认识,我们结伴而行,同伴王丽琴老师和吕萍老师对专业学习的不断进取之心让我不征也服，她们两个目前都有专著面世，其他老师的科研成果一摞摞，让我有些汗颜，因此我要继续不断学习，汲取他人之所长，补自己之所短。

他们都有着敢于求真之精神。

大家摆脱了身份、年龄、资历等限制，都能够将自己的看法说出来。师生之间没有因为权威而盲从，没有因为虚荣而恭维，有的是对问题的独立思考和感悟，彼此之间所爆发出的是一次次充满理性和睿智的头脑风暴，十大方法论专题的讨论也好，课题交流的打靶训练也好，对我们来说都是反思、实践、提高的过程。正是这种交流、碰撞、反思过程的不断循环，推动了团队进步，推动了基地的专业化建设。

他们都有着合作共享之精神。

在我们基地，每一个成员都及时把自己对某一个教育现象的困惑、感悟展示给其他同行，积极主动地参与到同行对这个问题的思考和解决方法的讨论中去，互相论证思辨，实现思想上的深度碰撞。在交流碰撞中彼此之间能坦诚地交换意见和建议，畅所欲言地表达自己的观点，在各类展示活动中，我们相互鼓励，相互补台。不管是北京、武汉的游学活动还是教心基地的联合展示，不管是 TDE 的闪亮登场还是关于学习方式与评价的分组研究，从头开始，我们不停地交流、反思、再交流，从同行的成功和失败中获得新知，不断调整自己的教育科研思路、方法，不断提高自己的认知水平，促使自己快速成长。

确实，梦想并不遥远，只要找到与现实的一个连接点。我很感谢："名师基地——梦想搭档成长的坚实平台，只有珍惜平台，才能与学生共成长。"是的，珍惜平台，实现梦想，梦想搭档的未来就在脚下。

三　梦想扬帆

名师基地的学习快要结束了,但它实际上结束不了。想当初,怀着对教育教学的热爱,对基地的憧憬,对导师的尊敬,对未来专业发展的期待,四年多来,我们跟着导师"大嘴"奔跑。

在基地的学习过程中,我始终在思考:是做个名师还是"明师"?力求交流探索还是追求出名?"名"师与"明"师虽然一字之差,却有天壤之别。"明"师未必出名,而"名"师却未必明理。"明"师不一定像"名"师那样有名,但他应有"大爱心、大智慧、大境界"。可是我现在做到了吗?显然,我还需要努力前行!

这时我已经意识到,我们不能分开,即使基地结业,我们仍然需要共同前进!因为我们都希望自己拥有更为丰富而深邃的思想,我们需要有更多、更加卓有成效的激励与碰撞,为了我们自己,为了我们的学生。于是,句号后面是省略号……项目引领,任务驱动,共同探讨……

为此我把课堂作为我的舞台,讲台作为我的阵地,把它作为我从"明师"到"名师"的蜕变之蛹。"明师",应有一种生命的情结,有一种知识分子的人文情怀,对每一个学生的生命予以关爱和尊重,拥有一颗"大爱心";"明师"的课堂不仅有知识的传授,更有理性的思辨和情感的交流;其教学过程是师生间产生心灵互动,获得个性舒张、生命愉悦的过程,努力达到"大爱心";也可以通过"学生讲课"、辩论、社会调查、探究性学习等形式,力图构建一个课内外综合、双向互动的"大课堂"的教学模式;"明师"不断对知识进行体悟、整合和升华,力图达到"大智慧";他具有一定的历史文化沉淀,有自觉的沟通意识,努力探求学生可接受的话语方式、合作方式、学习方式和教育方式,力图达到"大境界"。

从区"第二届学科带头人",到"区中学心理健康教育教研活动组组长",从区"第三届学科带头人",到现在的"金山区学科导师",由于学科教学中的独到之处,使自己在区内脱颖而出并有一定影响,成长为金山区教育心理学科的教学领头羊,为金山区心理健康教育起到辐射作用。我除了上门到兄弟学校进行辅导讲座,还面向全区老师开放研究课和高级教师示范课,教学相长,同时,也为兄弟学校提出一些建设性意见和建议。我明白,只有推动自己,才能推动学生成为更好的自己。

回想这五年自己走过的路程,心中为自己庆幸,只因为有了一个不平凡的学习经历,从金山到上海的每一个区县,期间发生的微故事多如牛毛,难以用数字形容,五年的时光在生活当中是短暂而又快速的,但又是苦涩、艰难的,但苦涩的背后又是幸福和难忘的。用脚步丈量梦想,用行动赞许过程,第三期上海市双名工程教心基地班的学习,使我对我的教育人生有了全新认识。

(二) 终于找到专业发展的"落脚点"

浦东教育发展研究院　吕　萍

2004年,我毕业到浦东教育发展研究院工作,从事政策研究,做了一些比较宏观的政策和项目研究,如教育国际化、教育信息化、教师职业道德提升、青少年科技素养监测等。在五年的工作中,我一直很迷茫、困惑:迷茫自己的发展方向,困惑自己的价值在哪里。就在快"迷失"自我的时候,2009 年,我申请转岗到学校科研指导室,从事幼教科研指导与管理工作。岗位的变化和要求,激发了我的工作热情和进一步学习的潜力,更重要的是我找到了自我价值发挥的场域。

一 反思自己,定位发展方向

进入教心基地学习,我进行了深刻的反思:从大学毕业多年,工作中大多采用任务驱动式学习,对教育理论发展的最新动态缺乏系统的跟踪;虽然平时工作中接触基础教育,但是对课堂、对学生缺乏现实的认识。总之,对教育理论和实践都处于"捉襟见肘"的尴尬状态。而我当前的岗位工作,要求为基础教育科研服务,这就迫使我不得不去认真思考自己的专业定位。

为此,我开始思考自己未来五年的发展规划,同时导师也对学员提出了这一要求。导师的一句话让我很受启发,即"要找到自己未来十年或者更长时间的专业发展方向或者研究领域"。

首先,在 2012 年 3 月,我参加了全国博士研究生考试,5 月份,接到了博士录取通知书,兴奋之情溢于言表,我内心对知识的渴望和进一步提升教育理论素养的力量被重新唤起,一股再次成为学生的喜悦充盈着我的整个身心。

其次,我对自己近八年的工作经历、专业基础进行了一次彻底的扫描,自己曾经做过什么?已经获得过什么?自己目前所承担的工作及研究任务等,我都详细地进行了梳理。

接着,我把当前自己感兴趣的问题、博士学习要求、双名学习要求、岗位工作职责等进行了通盘考虑,找到了自己可能的发展方向和发展领域:学前儿童研究。2012 年 4 月,我申报并成功立项了上海市教育科学规划市级项目《儿童科学前概念的临床分析与应用研究》(项目批准号 B12115)。

最后,我对自己的发展和学习有了比较清晰的规划。这样我确定了完成两件大事的规划:一是完成博士论文,博士论文的选题可能就是我未来十年或者更长时间的关注点,这解决了发展领域问题;二是发挥自己的专业特长,形成一个团队,引领学前教育科研发展。我相信目标清晰了,行动就必然有了方向,集中力量就能出精品。

二 把握现状,认清岗位职责

对自身有了深刻的反思,认清了发展方向,我就开始着力融合到幼教领域。教育科研的生命力在于广大教师投入到教育研究中,去思考、去解决自身的教育教学问题。正是基于以上认识,我开始进入教师的课堂观课,与教师、与科研负责人交流,去了解教师对教育科研的想法、教师在教育教学中存在的主要问题及当前教育科研需要改进的方面。

经过一段时间的调研,我了解到,当前教师对教育科研存在三个错误的认识:教育科研太难,我不会做;教育科研就是写,我不会写;教研和科研是两回事儿。同时,在与教师的交流中我也发现,由于缺乏相应的观课技术支持,一些教研活动的效果不佳。在进行教研活动过程中,组织者没有对观课的教师有任何规定性的任务,即不规定观课教师对某一具体内容进行观察,而是一种泛化、随意性的观课,导致在课后研讨环节质量不高,研讨的氛围不浓厚。

从整个学前教育科研来看,一般是园长主持,部分教师参与,因研究内容大多为工作性质的任务,而不是教师教育教学中存在的真实问题,导致教师的主动性低、参与率低;研究的方式更多是一种形式研究而不是内容研究,如一些策略、原则、途径的研究,而不是去解决具体存在的问题。这种研究范式直接导致很多教师对教育科研产生了畏难和抵触情绪。

因为之前对幼儿教育科研涉及比较少,接手工作后,我做了一件比较细致、辛苦的工作——对近五年的幼教科研课题进行了选题分析。以2006~2010年全国教育科学规划"十一五"课题、上海市教育科学研究项目、浦东新区区级课题中有关学前教育的课题共有323项为研究对象,分析了过去五年中学前教育研究者对相关问题的研究情况,涉及七大研究领域,即社会领域、健康领域、科学领域、语言领域、艺术领域、教师发展、教育发展的研究总体情况及各分支领域的研究侧重点和研究特点以及研究热点。以此研究视角,我管窥了学前教育研究的基本概貌:学前教育相关问题研究得到高度重视、各选题领域研究不平衡、各选题领域研究侧重点有所不同、儿童道德与科学探究研究比较欠缺。

同时,作为一名区级层面的科研员,如何引领学校教育科研的发展? 这是我一直思考的重要命题。常规的教育科研指导采用的是不定时地做讲座、修改文章、听课评课、课题方案指导或成果研讨等,一般都是根据学校自身的课题需求进行相应的指导,这种指导方式是有效的,但也有局限的。从某种程度来讲,这是一种片段化的指导、是点上的指导,很难做到系统化,影响范围比较小。相对区级科研员来讲,较为被动,也较难扭转相对成型的、不太符合实践需要的思想和做法。

基于以上认识、工作和思考,我不再把自己定位为指导者和管理者,而是转变为与教师一起研究的同伴、一起寻找问题解决方法的行动者。

三 钻研难点,引领幼教科研发展

为了引领幼教科研发展,我采用了三种方式:

一是项目引领。2013 年 1 月,我启动了师幼言语互动现场观察与评价,编制了四个观察表,采用频率观察记录、时间抽样观察记录、定点观察与记录、连续记录等方式,带领浦东新区第一教育署幼儿园的科研负责人和教师进行了 3 次的实践性培训,引领老师理解掌握如何进行现场分类观课与主题评课,之后撰写了观课评课报告。这项自发性的、进入教师课堂解决实际问题的研究,引发了教师的极大兴趣,很多教师表达了继续参与的强烈愿望。

2014 年、2015 年连续两年,我聚焦"师幼互动中教师言语行为改进",申报了浦东新区教育内涵发展项目,和一线教师一起开展教学设计、分类观课、主题评课、学情分析、教学案例撰写。从某种程度上来讲,这也是一个实践性的教育科研培训。启动项目伊始,我为教师提供了教学设计的模板、教师言语行为改进的 27 个参考问题、师幼言语互动观课记录表、教学改进案例两则。项目采用"每月一聚"运作机制,培训教师如何开展观课评课,及时把握实践研究中存在的问题,及时研讨找到解决路径。因"四个一"要求:"1 个学期"、"1 个教师"、"解决 1 个师幼言语互动问题"、"撰写 1 份教学改进案例",具体明确易完成,让教师撰写自己实践的内容,自己的思考和团队的智慧,所以项目顺利推进,吸引了12所幼儿园近200名教师的自愿参与,该项目也被评为2015年浦东新区优秀项目。2016年,该项研究还在继续。

二是培育"真研究"的种子。我在日常的科研指导过程中,力图埋下真研究的"种子"——引导教师关注教育教学的真实问题,采用"坐诊式研讨""一对一辅导"等方式与园长、教师深度交流。如针对教师不知如何总结自己的实践,通过与教师交流,了解教师实践的内容,建议教师以案例或者经验论文的方式总结;再如,有些幼儿园的课题申报题目过大、偏离幼儿园特色定位,我会通过与课题负责人、课题组主要成员座谈的方式,对国家、市级、区级学前教育课题研究方向的角度给予深度剖析,结合幼儿园的实践,给出合理的研究方向。这项工作是辛勤耕耘的过程,但硕果累累,教师对如何总结实践、幼儿园对如何选题有了非常清晰的把握;培育"幼苗"——带教教育科研青年骨干教师,五年来带教了近50名教师;及时传播优良"成果"——召开科研成果展示与交流会,推出能够起到示范引领作用的成果;宣讲教育科研"方法"——对如何选题、如何撰写课题申请书、如何撰写开题报告、如何召开开题论证会、如何撰写教育经验总结和教育案例、如何观课评课等主题,面向教师进行案例式实践性培训,引导教师走入教育科研之门,积极投入,乐在其中。

三是开展学情研究。在教育改革逐步深入的今天,需要经常回归我们的出发点和原点——儿童。亲近儿童,研究儿童,了解他们的生活世界和对事物的独特认识。当前,"以学定教"理念不断得到教育界的关注并予以实践,而学情分析是

"以学定教"理念实施的基础和前提。

在日常教学观察中,我发现很多幼儿教师对幼儿的学情处于估计状态,导致师幼言语互动质量不高、活动无法顺利开展。如在提问上,很多教师提出的问题会高于幼儿的经验、表述啰唆、缺乏逻辑性,甚至出现提问与主题学习无关。

学情分析需要对幼儿在语言、健康、社会、科学、艺术五大领域发展水平有比较具体、详细的把握,这是进行师幼言语互动的依据和基础。而无论是新近发布的《3～6岁儿童学习与发展指南》,还是《上海市学前教育课程指南》,对学情都没有详细的分析,特别是幼儿对主题学习已经有了哪些经验,仅仅是提出了目标和要求和教育建议。

针对学情分析,我们采用手拉手结对的方式,兼顾不同地域的幼儿,如城区与郊区、原浦东和原南汇地区。结合幼儿园的学习主题确定了动物、植物、食物、交通工具、职业、季节五项内容,根据幼儿日常生活情况和教师教学常用的一些材料和素材,确定了学情分析的代表性内容。之后,我和老师们开始收集图片、制定结构性访谈表,采用一个幼儿一张表。在提问方式、图片选择上,尽量贴近幼儿的语言理解和生活经验。

经过前期的精心准备,我们获取了大量有价值的信息,撰写了学情分析报告。在教学设计中,一些教师开始关注学情,不再简单几句话,不再脱离自己的教学内容谈幼儿的学情,而是从教学的需要多渠道收集学情信息;熟悉幼儿后,教师所设计的教学目标更为适切,提问更具有针对性,教学活动能够立足并提升幼儿的经验与认识。

2012到2014年两年多的时间里,在我主持市级项目《儿童科学前概念的临床分析与应用研究》过程中,一对一访谈了近200多名3~6周岁的幼儿,收集了儿童对水、空气、声音、光和影、生命的前概念。之后和教师一起备课、观课、评课、修改,探讨如何基于儿童的科学前概念开展教学,如何促进幼儿从前概念到科学概念。借助"双名工作"资助契机,也出版了个人专著《儿童早期科学概念的形成》。

在研究与实践过程中,我也逐渐认识到"懂儿童,学习才能真正发生",教育才能展现人性的光芒,也能给儿童的学习和发展带来最大的福祉。

时间很残酷,五年的快乐学习时光在一呼一吸间流逝,有点感伤;语言很苍白,五年的点滴发展成果在一字一句中展现,有点失色。五年的学习即将告一段落,但导师的殷殷教导和对教育科研的执著精神时时激励着我,激励我继续和教师同行,向"高""深""学""问"前行。

(三) 在基地学习中成长

上海市市东中学 陈 媛

时间飞逝,在繁忙而有序中一年又一年悄然而过,我加入教心二组名师基地已是最后一个年头了。回顾在名师基地的学习,我感激这个集体给我带来的欢乐与收获,也让我在这个团队中获得成长。也许这几年我并没有值得夸耀的荣誉和成绩,但基地导师及伙伴们好学上进、乐于创新、勇于开拓的精神给予我很大的动力,让我在教育教学实践的岗位上迈着坚实的步伐。在基地的日子里,我真真切切感受到了自己的变化,从一个只满足于上好课的一线教师朝着学习型、研究型教育者转变。

一 自我定位,明确个人发展方向

基地导师徐崇文老师是教心基地的创始人,在基地成立一开始就向我们阐释了基地的培养目标,要求我们要有正确的指导思想、准确的目标定位、明确的行动计划。我一直记得徐老师的一句话"要找一件下半辈子一直可以去研究的领域,一直研究下去。"这句话震撼了我,让我意识到身为教师拥有专业理想和目标何等重要。

回顾自己走过的路,其实有些汗颜。一直以来似乎都是被工作任务推着往前走,而不是自己认定一个目标勇往直前。尽管自己积累了一定的工作经验,专业水平也有一定的成长,但对于自己今后该做什么、该怎么做、总是有些茫然,于是渐渐意识到专业理想是我们教师不能缺失的方向标。有幸进入名师基地学习,这给了我一个重新审视自我的机会。我究竟是一个怎样的教师?我拥有哪些能力和资源?我还有哪些有待完善的方面?我该如何在五年的学习中提升自我?我又该如何在今后的工作中让自己不断成长?……这一系列盘旋在我脑海里的问题,答案也渐渐的明朗了。在导师的精心指导下我认认真真地思考并制定了自己的专业发展规划,接下去就是一步步去努力实施了。

二 聆听教导,提升个人专业素养

作为一名一线教师,我一直深深地感到自己在教育科研上有着先天的不足,从踏上工作岗位开始,我就想着要好好上课,上好课是一名教师的天职,而对如何做到这一点却想的不够深入,对教科研的认识更是肤浅。在日常工作中,也常常有补短的念头,虽有渴望学习之心,学习机会却求而不得。幸运的是我成为了名师基地的一名学员,名师基地是一个不可多得的学习平台,在这里我们有缘聆听一位位专家级导师的讲座,有幸接受专家的二对一指导。徐崇文老师为我们做过《学习与研究散谈》、《学校教育科学研究方法概述》等报告,打开了我们选题的思路,重点指导我们如何去发现问题、观察问题、分析问题。为我们揭示了各种教科研方法的内涵、特点和过程。苏忱老师为我们做过《学校教师如何开展教育科研活动》报告,他在报告中指出选题是开展科研的关键和基本条件,决定了一个科研项目的研究价值。卢家楣老师为我们做过《教育科研中的灵感:学术创新的灵魂》,指出了发现问题和解决问题的灵感来自于教学实践的感悟、延绵千年的争辩、跨学科的借鉴、权威理论的不足和已有理论的启发。五年里听过的专家报告多得不胜枚举,中国浦东干部学院郑金洲教授《关于学校教育科研的几个问题》、北师大吴国珍教授的《引发教师心灵智慧的叙事探究旅程》、顾泠沅老师的《教师发展指导者》、华师大冯大明教授的《分布式领导研究进展》等等。一个个讲座犹如精神大餐,丰富而又深刻,让我们接触到了最新的教育理念和思想,开拓了我们的眼界。而导师们渊博的知识、执著的精神、真诚的指导更是让我感动,让我重新领悟了"学无止境"的内涵。

三 精雕细琢,走好成长每一步

开展教科研,最快速的成长就是实战。基地的导师们结合我们实际工作中的研究课题开展指导,让我收获最大的是"打靶"式的交流指导,进入基地学习的第一年里,我们进行了课题研究方案和个人专业发展规划的交流。交流中导师们的一一点评给了我们最直接的帮助。在课题方案的交流中,我以《积极心理学在班级文化建设中的应用研究》为题进行了详细汇报。

针对我的课题方案,李金钊老师建议方案中多介绍一些"积极组织系统"的内容;张才龙老师指出"积极心理学"还不是很成熟的学科,结论不一定可靠,提醒大家在引进西方理论时,要注意本土化过程中的变数,同时肯定这一选题接地气,希望用拿来主义精神作好这个课题;王洪明老师觉得题目太大,缺少操作性定义,建议缩小为"行为文化",并提醒我作为非班主任老师,操作和推进过程中可能存在困难;吕洪波老师认为课题方案中积极心理学与班级文化还是两张皮,建议要建立起内在联系,重点应该放在班级文化上,题目可改成《基于积极心理学的班级文化建设》;祝庆东老师则热心地向我分享了他所收集的相关研究资料,希望我能在研究中加强文献综述,在研究目标和内容等的表述上多下点工夫;魏耀发老师更是向我指出了作为名师要担负起指导其他教师开展科研工作的责任,鼓励我在自己的研究课题中带动一部分老师共同成长。导师们的点评帮助我突破了个人思维的局限,打开了研究思路,更增添了研究的信心。

四 创新实践、敢于接受新挑战

基地学习中期的一次展示活动令我印象深刻,主持人朱连云老师布置了一个我们从未尝试过的任务,那就是以我们个人工作学习实践研究中的特色亮点为内容进行一次 TED（Technology，Entertainment，Design）演讲。这种全新的演讲形式对我来说也是一次挑战，我搜索、浏览网易公开课的 TED 演讲，力图尽快了解这种演讲的方式方法；我仔细梳理自己多年来的教育教学实践，力图找出值得交流的研究经验；我一遍遍的模拟演讲，力图使自己显得从容不迫。然而由于自己对 TED 的认识不足，第一次预演存在很大的缺陷，导师犀利地指出我演讲的问题所在，即一定要体现自己的实践操作过程。经过反复的修改，我最终在正式的展示中得到了导师的肯定。至今我仍能感受当时的忐忑不安，也真切的感激导师们对我的鼓励和指导。

学习、研究、成长！感谢基地为我提供了如此难得的学习机会和经历，这使我分外憧憬后续工作中的挑战。成长是一个过程，是一份快乐。学习了很多，也感悟了很多，但还需继续努力。

（四） 科研的高地，心灵的家园

黄浦区教育学院　张　俊

2006 年，一个旨在培养教育科研、教育心理高端人才的孵育基地——上海市"双名"工程教育心理基地在位于汉口路外滩的黄浦区教育学院成立了。十一年来，它为上海市培养了三期，共 38 位教心学科的拔尖人才。

一 强大的导师力量与专家团队

创始人、主持人徐崇文,是上海市特级教师,历任黄浦区教育学院副院长、上海市学习指导研究所常务副所长、上海市名校长名师培养工程办公室项目管理组组长,兼任全国非智力因素研究会会长、全国学习科学研究会常务理事、上海市教育学会学习科学专业委员会常务副会长、黄浦区教育学会会长等职。主持人魏耀发,上海市特级教师,历任黄浦区教师进修学院常务副院长、党总支书记,上海市学习指导研究所常务副所长,兼任全国非智力因素研究会会长、上海市学习科学专业委员会秘书长、黄浦区教育学会会长等职。主持人陈振华,上海市特级校长、特级教师,现任上海市行知中学校长,兼任上海师范大学数理学院硕士生导师,上海市中学数学教学专业委员会副秘书长,教育部"国培计划"专家组成员等职。主持人王刚,上海市特级教师,现任静安区教育学院院长。副主持人朱连云,上海市特级教师,现任青浦实验研究所常务副所长,青浦区教师进修学院教育科学研究中心主任,兼任全国非智力因素培养学术委员会常务理事、上海市教育心理专业委员会副主任等职。

基地还为学员配备了强大的导师团队,导师与学员数之比是2:1。包括全国著名心理学教授燕国材先生,上师大博士生导师卢家楣教授、谢利民教授,上海市教心学科特级教师陈泽庚、阮龙培、张才龙、王洪明等等。导师力量雄厚,学习资源丰富,为学员营造了一个良好的学习环境。基地历来重视导师与学员的互动交流,体现"能者为师"的思想,推崇"读书—研究—实践"的学习模式,逐步形成了以研究为核心,在研究中促进学习,在研究中深化实践,在研究中加快成长的培训特色。

二 明确的培养目标与培训要求

基地一直将"出思想、出经验、出成果"作为自己的培训目标。出思想,即有优良的师德修养、先进的教育理念、深刻的学术思想和独到的见解。出经验,即有厚实的专业功底、强的专业能力、独到的教育教学策略和风格、丰富的实践经验。出成果,即研究教育改革中的重点难点问题及其对策,形成高质量的成果,独立撰写专著或有重大价值的论文。

基地同时坚持三项原则:突出主体性、体现全员性、坚持实效性。突出主体性,即增强学员的主体意识,实行自主管理,提高组织能力和管理水平。体现全员性,即树立"人人是管理者"的意识,每人都承担一定的管理任务,在管理过程中培养责任感和团队精神。坚持实效性,即提倡务实精神,不单纯追求形式,力求每项管理制度都能收到实际效果。

基地一直秉承"高""深""学""问"四字培训要求,以现代教育心理学、学习心理学、现代教学论为理论基础,以学习教育科研、心理教育的理论和方法论为主要内容,以课题研究为载体,采用"读书—研究—实践"的培养模式,导师和学员共同学习,充分发挥学员的主体作用,每个成员积极参与、主动体验、互动互助、共同探讨、合作研究。"研究性学习"贯穿学习全过程,边学习、边研究、边实践;以研究指导实践,以实践丰富、促进研究。经过学员的积极主动艰苦努力和专家导师的悉心指导,使每个学员的理论水平、研究能力有突破性提高,成为上海市教育科研新一轮发展的排头兵,或心理健康教育的骨干,并逐步成为在全国有一定影响、有创新精神的教育科研工作者或心理老师。

三 鲜明的培训特色与成才路径

(一) 创建和谐进取的学习共同体

本基地导师与学员数之比是 2:1,导师力量雄厚,学习资源丰富。基地为学员营造了一个良好的学习环境,重视导师与学员的互动交流,多次安排导师与学员的个别指导和切磋研讨,形成良好的研学氛围,表现在:(1)导师指导针对性强,充分体现了学员的个别差异;(2)导师和学员在交流中互动性强,不唯师、不唯上,强调"真理面前人人平等",体现了民主、平等的学术精神;(3)导师和学员合作研讨相容性强,学员努力从导师的指导中汲取养分,导师在指导中也促进了自己的发展,体现了"能者为师"的思想。这样一个和谐进取的学习共同体成为基地发展的重要资源。

(二) 强化学员的主体意识

基地重视培养学员的主体意识,发挥学员的主体作用。表现在:(1)通过入学教育和个人专业发展规划制订,激发学员的责任感和紧迫感;(2)在选题过程中引导学员梳理和介绍自己的选题思路,提倡诉说困惑、坦露心声;重视反思能力的培养,以此提高元认知水平;(3)树立"人人是管理者"的意识,在学习过程中由学员自主管理,每人都承担一定的管理任务,如每次学习简讯由学员轮流撰写等,在管理过程中培养责任感和团队精神。

(三) 以课题研究为核心

基地继承前一、二期教心基地"读书—研究—实践"的模式,逐步形成了以研究为核心,在研究中促进学习,在研究中深化实践,在研究中加快成长的培训特色。表现在:(1)读书以研究为导向。课题研究的过程也是有针对性地学习教育理论、不断汲取营养的过程,为研究奠定了坚实的理论基础;(2)研究以实践为基础。学员课题的选择与设计能够着眼于教育现实中的问题,以解决实际问题为目标指向;基地将研讨与学习的主题都置于当前改革的大背景下,使学员的研究始终服务于改革实践。

四　突出的培训成果与成才效率

十一年来,进入基地学习的学员都取得了长足的进步。有的学员在专业方面发展突飞猛进,成为教心领域的后起之秀,甚至成长为特级教师;有的学而优则教,紧跟导师的步伐,本人成为了基地的导师;有的在导师的悉心教诲下获得了全面发展,成为了执掌一方教育发展脉络的教育管理干部。据不完全统计,十一年来,基地共培养出正高职称教师 3 名,特级教师 8 名。此外,累计出版专著 60 多部,核心期刊发表论文 310 多篇,其他公开发表论文 770 多篇,主持国家级、省市级课题近 100 项,获得国家级、省市级论文评选等第奖 190 多项。

十一年来,教心基地已经成为科研的高地,为中小学教心学科培养出大量的杰出人才。历届导师和学员,无论是否离开基地,始终将基地作为自己心灵的家园。大家始终团结在一起,为基地的发展尽一份自己的力量。

二 在团队合作中成长

（一） 走进课堂做研究

浦东教育发展研究院　杨海燕

2011 年至今,转眼五年过去了。在这五年的职业生涯中,我有幸参加了魏耀发、朱连云老师主持的教育科研心理基地培训。在基地导师的悉心指导和学员的帮助下,我一直觉得自己身上有一种紧迫感和使命感,迫使自己要不断学习,不断进步,提升教育科研能力。记得在 2012 年 4 月 11 日的开班仪式上,教心基地的创始人徐崇文老师就告诉我们,要有投身研究的“冲动”,奉行“问题启动、任务驱动、专业引领、合作互动”的学习方针,慎重选择自己在基地中的研究方向,并且坚定的耕耘。

五年来,我感到自己最大的收获在于,一是我越来越热爱自己所从事的职业,不论是在专业理论学习,还是在课题研究的实践中,我都能体会到一种不断成长、不断进步的快乐;二是我的专业能力不断得到提升,有能力带领一个课题组的老师,围绕研究主题开展研究。在研究中,我获得了一种成就感,感觉自己的能力和价值得到了学校老师的肯定和认可。

三是长期合作的一些教师逐渐有了研究的意识,具备了一定的研究能力,体会到了研究带给自己的职业快乐。

一 研究的追求和定位

1. 做一个具有学习力的科研员,激发教师的研究意识

我认为中小学教育科研的目的就是运用合适的方法,解决教育教学中的问题。教育对象的复杂性、学科的复杂性决定了教育中的问题是多变和复杂的,因此,解决教育问题的策略和方法也不是一成不变的,而是应根据问题的需要,首先要寻找合适的方法,有了方法后还要能灵活运用。这就对科研员的专业敏感性提出了很高的要求。

因此,在我从事教育科研的过程中,我对自己的首要要求是:每天都要阅读和学习。只有自己具有很好的学习力,才能从容面对教育教学中出现的问题,才能帮助中小学老师解答他们职业中的问题。另一方面,自己对待职业的态度和做科研的精神,也会对身边的老师产生良好的示范效应,激发老师的学习热情和研究意识。

2. 要明确研究方向,深入课堂做持续性研究

在基地学习中,导师反复叮嘱我们,做教育科研一定要"咬定青山不放松",认准一个研究方向和研究课题,一直坚持做下去。朱连云老师认为,要成为一个资深的研究人员,一定要找到一个合适的研究领域和研究问题,这对自己的专业发展至关重要。

研究问题定下来后,就要持之以恒地研究下去。在这方面,最值得我们学习的榜样就是宝山区科研员王天蓉老师,在她的专题报告中,她与我们基地学员分享了自己成长的经历,

以及"问题化学习"研究的探索和历程。

在基地学习的五年中,我主攻的课题是《构建学习共同体——小组合作学习的课堂研究》。围绕此课题,从2011—2014年,我与我们单位的陈静静博士以及上海市高东中学数学教研组的5位青年教师结成合作伙伴,运用课例研究的方式,深入课堂进行观课和研讨。在三年多的研究中,我们对学习共同体的认识不断深化,对如何在课堂中开展有效的合作学习,形成学习共同体,形成了一些操作经验和方法。

高东中学的曹哲晖老师在自己的反思中这样写道:吵闹的课堂问题出在哪里? 一切还要从2012年说起,一次偶然的机会,浦东教发院的科研员陈静静博士和杨海燕老师来到高东中学,问我想不想进行"合作学习"的尝试。说实话,当时我正因为生源问题而一筹莫展。我所在的高东中学地处外高桥保税区,本地生源不多,70%都是随迁子女,学习基础和学习习惯差异很大,不用说学习成绩提升了,就连相互融合都有困难。为了解决这个问题,我想了很多办法,但是效果并不太明显,所以这次一听说要进行"合作学习"的尝试,我马上同意,摩拳擦掌,准备打个"翻身仗"。

在持续的研究中,五位青年教师的研究意识和研究能力都不断提升,在面向区级和市级的展示中,不论是上课的老师,还是观课的老师,都能够有底气,从容应对。

3. 科研要求真,选择适当的方法开展研究

教育科研是一个运用教育研究方法,不断发现问题、解决问题,总结教育规律的过程。在研究中,针对不同的研究问题,借鉴相关理论,采用合适的研究方法。正如刘良华老师说,做教育研究要走向"有理论视角的实证研究"。结合我的

研究课题,目前我们在研究过程中借鉴和学习的是日本佐藤学教授"创建学习共同体"的理论,主要采用的是课例研究的方法,通过课堂观察、课后研讨等方式方法不断发现问题,改进教学,提高小组合作学习的质量。在研究中,我也不断强化老师的学习意识和研究方法意识,坚持"共读和共研相结合",推荐老师共读佐藤学教授的著作,并交流读书感想以及在教学中的运用尝试;辅导老师学习一些实用的研究方法,如问卷调查法、课堂观察法、课例研究法、行动研究法等,让老师学着去用,边用边改进边完善。

曹哲晖老师在自己的论文中这样写道:课后我们结合录像进行长时间研讨,通过录像反复播放,科研指导老师对一些课堂现象进行深入剖析并讨论对策。比如有的小组讨论表面热闹,但细看后发现有许多小组停留在浅层次讨论,没有深入。说明学生的讨论需要我去合理指导,教会大家如何有效讨论,另外讨论问题的设置也需要有梯度性,要有挑战性,一步步引导学生解决问题;又如,有的小组中有人没有参与讨论或者有几个之间话特别多。说明小组的人员配置可能出现问题,需要做出调整,也有可能学生基础确实不行,那么我就需要及时介入,使其跟上小组的步伐。在录像中,许多我觉得根本不是问题的课堂现象,在科研指导老师的眼里就是值得深入研讨的方面。

连续多次的录像研讨对我有了很大的启发,让我对学生的学习有了更深的认识,原本认为老师只要把课"讲好"就行了,没有想到学生的学习竟然有这么大的学问,这是我从来没有想到的,我现在才知道原来在对学生的认知方面,我还是如此"懵懂"无知,难怪组织合作学习如此艰难。

4. 做"火炬手",让更多的老师参与到研究中

作为上海市教心基地的名师后备,我们肩负着重担和责任,不仅自己要有过硬的教育科研能力,更重要的是要带动一批老师一起参与课题研究,研究课堂,改进教学。所以,在自己的课题研究中,我们从一开始就组建研究共同体,有科研员、有一线中小学老师,我们会定期开展课堂研究活动,和老师一起研究自己的教学,研究自己的课堂。

参与课例研究的曹老师这样写道:这堂课充分展示了我们的探究成果,教发院科研员一路来的指导,让我看到了自己的蜕变,也看到了学生的成长,从一个吵吵闹闹、乱哄哄的班级,慢慢变成一个安静有序、爱思考的学习共同体。这里蕴含着的是对如何进行小组合作学习的不断思考,又是对学生融入团队的细心培养和指导,更是对教学方法、能力和理念的自我突破,这时我似乎真正明白"革命"的意义了。

没有职业快乐,就没有人生幸福。苏霍姆林斯基说过:"如果你想让教师的劳动能够给教师带来乐趣,使天天上课不至于变成一种单调乏味的义务,那你就应当引导每一位教师走上从事教育科研这条幸福的道路上来。"教师从事研究的最终目的不仅仅是改进教育实践,还可以改变自己的生活方式,从而在工作中获得理性的升华和情感的愉悦,提升自己的精神境界和思维品质。

二 研究的经验和收获

1. 坚持从实践到文本

很长一段时间,我们中小学的科研走的路是从文本到文本,没有研究实践,只是根据经验和查阅文献,就形成了最终

的文本。我们本次课题研究的路径是从实践到文本,我们的文本来自实践,是在三年多实践的基础上形成的。

联系到自己,以前在大学,或者刚工作时,查阅一些文献,或翻译一些比较热点的材料,梳理重组就可以写出一篇文章发表,等真正走进课堂做研究后,我才真切地感悟到下笔很难,只有自己认真去实践、去探索、深入研究了的东西才敢写出来。

2. 基于证据做研究

不论是带领高东中学数学组老师开展《小组合作学习的课例研究》、还是带领金陆小学语文组的青年教师开展《小学中高年级批注式阅读的实践研究》,我都坚持做基于证据的研究。我们了解学情,开展前测、后测,设计课堂观察表,设计课堂学习任务单,走进课堂做观察研究,课后基于观察记录和录像进行研讨等。都是努力通过搜集事实、数据、案例等来证明我们的研究假设,达成研究目标。

我们发现,一旦进入课堂做研究,研究聚焦学生的学习,研究课堂里发生的故事,研究学生学习的乐趣和困难所在等,通过相互的交流让学生学习时的具体样子重新浮现出来,这样的教学研讨是每位教师所期待的。这样做研究才能发现科研的魅力所在。因为课堂中每天都会发生很多不确定的,新鲜的东西,让你感觉从事这份工作既充满挑战,又充满乐趣。

3. 团队协同研究

一个人走不远,要和团队一起成长和发展。在研究中,我们努力形成民主、平等的同僚关系,我们把阅读、实践、专业写作与发表,三位一体。在研究的每个环节,都会给课题组老师推荐学习的论文或书籍,在学习和反思的基础上,再进行课堂实践,课后反思与改进;最后再进入专业写作的环节。不管是我加入的团队,还是自己带领的青年教师团队,在研究中,大家都是一个学习共同体,围绕课堂教学、围绕大家感兴趣的话题展开讨论,这样你会发现自己的视野在不断开阔,每天都有新的收获。尤其是在搞课堂研究时,围绕一个课例,围绕一个学习小组,或者围绕一个学生,你会发现,每个人观察到的东西都不完全相同,学习和交流就真正发生了。

4. 要坚持做"读书人"

正是因为进入课堂做研究,每次都会发现新的问题或乐趣;正是因为和团队在一起,你会发现有想法有智慧的老师很多,大家都在努力学习,不断进步,这样自己也会有一种由内而外的力量,促使自己每天都要阅读,都要学习。当然,除了教育类的书,如佐藤学、刘良华教授的书,历史类的、文学类的书也是我的最爱。我觉得能和书籍做朋友是一件非常快乐的事。跟学校老师研究课题时,我会寻找一切时机,跟一些老师建议,要多阅读,坚持做"读书人"。因为我认为,老师变了,学生才会变。通过阅读,老师的观念和认识变了,我们的课堂改革才能继续下去。

三 困惑和思考

当然,在研究的过程中我也有很多的迷茫和困惑。讲个真实的故事吧,有一次我到一所小学听课,是一节小学五年级的数学课,教学内容是《可能情况的个数》,目标是通过树状图或表格等工具,有条理有次序,无遗漏无重复地枚举出简单事情的所有可能发生的结果。比如,从 5,6,7,8 四张数字卡片中任意抽出两张,能组成多少不同的两位数? 我们研究的主题是,学困生课堂学习情况的课堂观察研究。

观察的主要结果是:刚开始全班同学,包括 4 个所谓的学困生,都是很积极地在举手发言,或者配合老师。但随着教学节奏的加快,学困生开始跟不上了,有的在发呆,有的在故意装出一副学习的样子;等到了教学的后半段,除了几个学习好的,大部分学生都已经不在状态了,学不下去了。

在课后的研讨中,观察员都表示,越到后面学生越不在状态。我就问上课的老师,那你觉得教学内容的难度和密度是不是适合班上的学生? 这个老师直接说了一句,这节课是"教研员帮我设计的"。我被当头一棒,但是我并没有乱了阵脚,因为我课堂进的多了,遇到的问题多了,自然会应对。我说:"是你了解自己的学生,还是教研员了解你的学生? 我这里还有小学数学特级教师戴曙光的教学设计,你觉得拿过来直接用怎么样?"她保持了沉默。

在回家的路上,我的心情很沮丧,很迷茫,我质问凭自己的力量,我能改变什么? 我对自己做的工作感到很没有价值。

我的真实想法是:第一,老师比教研员更了解自己的学生,老师的教学设计一定要根据学生的实际情况,"以学定教"。否则,所有的老师就拿着特级教师的教学设计和课件上课就行了,那教育改革就简单容易多了。

第二,课堂上要会根据学生的状态调整教学。在一次次的操练后,学生明显没有学习兴趣了,就要及时压缩或调整教学内容,改变学习方式,比如不需要把预先设计的所有内容讲完,可以针对学生困难的内容开展小组学习,让学生互相讨论,动手操作,可能学生的兴趣又被调动起来了。

第三,传统的教学是以学科为中心的,教师的任务就是传授学科知识,现在除了知识,还要培养学生如何思维,如何交流,如何表达,还要关注学生如何学习,学习中遇到了什么困难,我该怎样帮助学生解决。这些都需要在教学前给予充分考虑,在教学中给予关注,在教学后根据学生学的情况进行反思和调整。

（二） 适应多元角色的变化

上海市师资培训中心　　时丽娟

每个教师都会在现实生活中遭遇很多事情,都有自己独特的经历,个人经历在教师的职业生涯中扮演着重要角色,它的影响力常常超过各种正式的师资培训,它通过作用于教师的深层价值取向层面,直接影响教师的教育行为。我也有属于自己独一无二的个人经历。

我来自江苏,地地道道的苏北小姑娘。来上海今年已经有 11 个年头了,3 年研究生求学,8 年工作经历。在这 8 年里,我做过教育科研、教师教育、德育科研、心理教研、教师培训等等。每一份岗位都有背后的故事,有份可值得去学习和取经的地方,因为每个岗位背后,都有许多值得自己学习的人,如同事;在每个岗位背后,还会遇到一些关键事件。这些人和事都会影响甚至决定我们的成长轨迹,这些经历能够帮助我们观察、学习他人,从中不断地内化为自己的认知和行为习惯、态度、情感,以及形成自有的处事态度和方法。

我考入上海师范大学教育心理学研究生后,跟着导师学习如何做课题,在一个个课题的推动下,对研究产生了兴趣。有时自己还并不满足作为参与者的身份做课题。曾记得,有一次我看到日本学者的一篇论文,对其中的实验设计不清楚。单纯的自己,只是想尽快解答自己的疑惑,我尝试着与日本专家开始电子邮件联系,将自己所思所想所疑惑的地方,一一罗列出来。很快日本专家解答了我的一个个疑惑。我欣喜若狂,我真正喜欢上了课题研究。

研究生毕业后,幸运的是正好从事的是小学教育科研的工作。正当我准备施展抱负的时候,我被单位借调到市教委工作,从事教师教育工作,与教育科研关联性不大。在被动的三年借调生涯里,从事了大量的教师教育管理工作。让我大面积的接触了各学科、各学段的教师培训项目。因为从事过课题研究,深知课题研究具有严谨性、科学性、合理性、有效性。在教师教育工作岗位上,不自觉地将课题研究的思路带进了项目设计中来。

等我回到小学教育科研岗位,已经是三年之后。之前从事的教师教育工作让我的视野开阔了,让我的思考角度变宽了。我尝试着自己申报课题、做课题,熟悉课题操作的程序。深入学校蹲点课题,研究帮助学校设计课题方案、操作方案、实施方案、整理课题成果等等。指导青年教师做课题。在课题研究的路上,一步步钻研,一步步走进这个领域。

恰逢上海市教委启动了第三期"双名工程"项目,深知该项目的意义,遂申请进入教育心理二组基地学习。五年基地的学习,我接触了一批教育科研领域的大咖,结交了一群热衷于教育科研的同仁,吸收了大量教育科研方面的先进理念,参与了一些教育科研高端的研究课题等等。

双名工程基地学习,最让我触动的是我的两位导师。在基地学员只有 8 位的情况下,基地主持人组建了一支 16 人的导师团队来带教和指导学员。导师团队主要对学员的专业发展规划、课题设计与研究、成果撰写等方面给出自己的真知灼见;此外,导师安排的基地活动也是独具匠心。以往的培训基本上都是听一系列讲座后,再安排学员研讨、交流,学员的主动性得不到激发,处于一种被动消极的接受状态。但是本基地培训安排一开始就让人耳目一新,搭建各种平台促使学员主动学习、成长,如让学员登台亮相自我介绍,两次交流课题设计方案,一次交流个人专业发展规划等等,这样的安排看似"学员唱主角,导师做配角",其实导师隐藏在背后精心设计,在润物无声中促使我们主动成长。我们的课题设计方案经受众多专家的一次又一次评阅和指导,终于思路一点点清晰、研究路径一点点明确、研究内容逐步的明确,研究方案也一步步的成熟。更为重要的是,在导师团队的点拨、指导下,我们的个人专业发展规划由模糊走向清晰,由宏观走向具体,由茫然走向充满希望。在这个过程中我体验到了压力,但更多感受到一种动力,一种充满希望的正能量。在每一次的学习安排中,基地都做了精心安排,我们唯有每一次精心的准备,才能掌握培训内容,才能面对导师们的殷殷期望。

然而,最让我鼓舞和钦佩的是导师对教育科研执着的精神。导师们自身对科研有着执着的坚持与不懈的追求,他们从关注学习研究到关注潜能开发再延伸扩展到非智力因素、脑科学等内容,围绕一个主题进行长达三十年的研究与实践,课题研究内容的拓展、深入不仅仅体现在一种学习中的沉淀,更体现出对科研的追求与执着精神。这份坚持和奉献深深打动和感染着我,让我真正体会到了一份高水平的教育科研的意义和价值所在。这份感动直接影响着我在做自己的课题时的品质追求,一定要找准一个主题,这个主题既贴合实际又有较强的研究价值,同时也切合自身研究兴趣和研究特长,通过持之以恒的努力和长时间坚持深入的研究,这样才可以产生有意义的教育科研成果。

通过基地学习,让我对教育科研有了更深的认识。教育科研不等同于课题研究,教育科研是带动学校或教师一起就某个主题,运用一定的研究方法,验证假设,然后得出结论。但教育科研并不单单是自己一个人做课题研究,而应该是集众人所长;教育科研中理论虽然重要,但能在研究过程中,解决实际问题更重要。导师教会我们大胆假设,小心求证。"小心"指的是研究方法。方法要多元,多角度,得出的结论才可能真实。

人只有借助"事件"才能引发自己心灵的内在成长,才能借此不断提升自身的精神境界。是的,正是在基地认识的这些"人"和"事",让我在不同岗位中找到了自我,找到了自己生存的法则,适应的节律,面临新的工作任务,要与新的同事相处。从开始的诚惶诚恐,到现在的淡定应对。

因为我一直铭记着导师的一句话:做人做事做学问。这句话一直回荡在我的耳旁,铭记于心,犹如海上的航标灯,指引着我在工作中找到方向,坚定了我的信念,让我在工作岗位上从容、坚定。

（三）"蜂房式"共同体

——我的"课例研究课程化工坊"

浦东教育发展研究院　王丽琴

2014年4月，我在领衔申请"课例研究课程化工坊"团队计划时，就提出要实现"蜂房式共同体"这个团队建设目标。什么是"蜂房式"共同体？如何建设蜂房式共同体？本文想结合"课例研究课程化工坊"的建设实践来谈一谈这方面的思路与体会。

一　基于自组织的团队建设目标

在2014年4月提交的"课例研究课程化工坊"团队计划申请书上，我这样描述"蜂房式共同体"的团队建设目标和任务：

以自组织建设为机制，通过名家名著共读、"蜂房"式共同体建设，形成团队内部的"共同体"文化，带动团队外部的衍生文化。

团队长期以来重视共读、共商，在杜威原著共读、基于《教学勇气》价值认同的勇气更新研修活动等方面已经取得了宝贵的经验和令人瞩目的成绩。成员间初步形成了"蜂房"式共同体：领衔人和成员之间平等对话，高校中青年学者与基层合作者之间互相尊重，博硕士与一线教师优势互补。更为关键的是，大家共同认同"非指导性学习"和"做中学"等教育理念,尊重服务对象的人格与专业尊严,重视与基层教师的共同成长。未来的 3～5 年,我们将致力于这种优质传统的自然延续和"共同体"建设的几何级放大。(具体的着手点略)

这部分的内容,在团队计划的"三棱锥体"模型中有着重要地位,如图一所示:

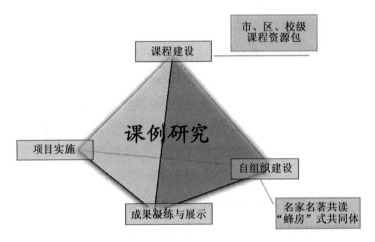

图一　团队计划的"三棱锥体"模型

也就是说,在教师团队建设的过程中,除了老师们独自或合作完成的各种目标(如课程建设,如项目实施,如成果凝练与展示)之外,我们还需要同时完成团队建设自身的一个目标,那就是我当初设计的"蜂房式共同体"。如果我们在三年后,每个人能拿出不少的看得见的成果,但团队之间相互冷漠、彼此孤立,那么,这跟团队发展计划的初衷是背道而驰的。相比之下,我宁可牺牲一点看得见的课程、论文等成果,也要竭力完成这个"蜂房式共同体"的建设。

那么,到底什么是"蜂房共同体"? 这就要从常见的团队及其文化特征的分析开始。

二 常见的团队及其文化特征分析

（一）"金字塔"式团队

这种"金字塔"式（图二），人们再熟悉不过，好处是高稳定,高效率,高执行力,但缺点也很明显,容易独裁,容易科层化,难以形成真正平等的团队内部关系。

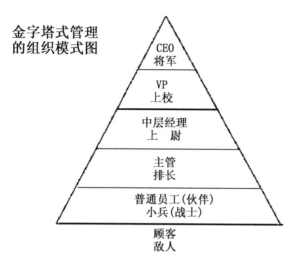

图二 "金字塔"式团队模型

（二）"倒金字塔"式团队

这种"倒金字塔"式（图三），平常不太容易见到,商界可能相对较多,突出"顾客就是上帝"等理念。我在建设团队的过程中深切地体会到,作为领衔人,其实就是团队的大保姆、高级服务员,必须尽心尽力为团队成员做好各种服务工作,才能逐步形成凝聚力。一句话,教师的团队,重在服务而非管理,千万别把自己当成"领导"。

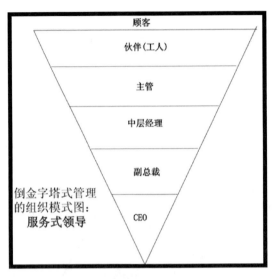

图三　"倒金字塔"式团队模型

（三）"雁阵式"团队

这是（图四）目前很流行的一种模式，"领雁人"在这种模式中就显得格外重要。理想的雁阵，其实远远不止拥有一个领头雁，而应可以互换角色，轮流领航。问题是，这样的状态

图四　"倒金字塔"式团队模型

不是很容易达到,领头雁的素养,往往是可遇不可求的;而作为领头雁,心理压力往往也是非常大的,尤其是没有人可以替换你的时候。

而在自然界,有一种神奇的组织架构,可以打破前面几种常见团队模式的格局,带来全新的团队组织样态,那就是——"蜂房"!

三 "蜂房"式共同体——我们的精神家园

蜂巢是严格的六角柱形体。它的一端是六角形开口,另一端则是封闭的六角棱锥体的底,由三个相同的菱形组成。18 世纪初,法国学者马拉尔奇惊讶地发现,这些蜂巢组成底盘的菱形所有钝角都是 109°28′,所有的锐角都是 70°32′。经数学家计算,如果要消耗最少的材料,制成最大的菱形容器正是这个角度。从这个意义上说,蜜蜂称得上是"天才的数学家兼

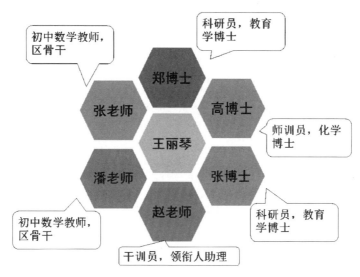

图五 "蜂房"式共同体团队模式

设计师"。

　　受"蜂房"的启发,我们在组建初始团队时,就像一个极简的蜂房(图五):以领衔人为中心,每个人开放自己2～3个面,与志同道合、有合作心向的伙伴开展基于课例的合作。合作过程中,大家优势互补,精诚团结,逐步形成了这样一个相对稳固的小"蜂房"。

　　在组建"蜂房"的过程中,我们强调"三课一体"(课例、课程、课题)的概念,即每个加入工坊的成员,起点是要组织或参与深入中小幼课堂的课例研究活动,然后在此基础上开发校本、区级等层面的课例研修课程,其中有余力的伙伴,则还要申报相关的区级、市级课题,开展更具深度和延展性的研究。当核心成员拥有自己的核心课题时,事实上,他们已经在开始自建"小蜂房"。若干个小蜂房之间,则依然存在相互依存、相互支援的合作关系。

　　目前,"课例研究课程化工坊"从组织架构看,由核心成员＋外援型观察员＋带教的青年教师这三个层面的人员组成,其中,每位核心成员都以自己的课程建设、课题研究为抓手,吸引和带教着属于自己的小分队。这样,一个有一定规模的大"蜂房"就基本形成了。"工坊"开展的读书活动、内部研修活动等,都与全体成员共享,小分队之间则各自相对独立地开展活动,需要时互相支援,互相学习,显得既独立,又默契。

四　"蜂房"式共同体魅力何在?

　　细琢磨"蜂房"式共同体的魅力所在,我想首先在于平等。在共同体内,成员不存在等级、身份等符号性差异;在某个小课题上,某位老师成为蜂房的中心人物,换到另一个场合,她又自动成为另一位中心人物的外援、伙伴。

"蜂房式"共同体的第二个精髓在于合作。每个人都要开放自己的某个甚至更多侧面，和彼此互补的伙伴进行贴合，这个过程中，彼此都要放下原有的顾虑、习惯，而努力适应对方、为对方着想。

第三，我们钟情于"蜂房"这个意象，还因为它的无限延展性，也就是说，合作无极限，每个人通过自己的努力，组建属于自己的小蜂房，而小蜂房之间，可以始终保持或松散、或紧密的合作关系。这正是我们在申请书上提及的"1＋6"的 N 次方的意义所在。

当大小蜂房协同发展时，团队领衔人已经不再是唯一的中心人物，甚至不会有"成流派"、"举大旗"之嫌。因为，大家以共同的兴趣而来，有项目就合作，项目结束，则可以散开。每个人必须始终保持在团队里的个体独立性，以足够的理性和必要的温度，保持与团队整体文化的协调与共进。

我的团队，我的"蜂房"，就这样慢慢地来。好不好？

（四） 设计"冲刺性"合作课题实现挑战性学习

——沪教版六年级"扇形的面积"课堂学习研究

浦东教育发展研究院　杨海燕

一　背景与主题

本节课六年级《扇形面积》的第二课时，即学生已经知道并学会使用扇形面积公式计算扇形的面积,这节课是通过图形变式,让学生灵活运用扇形面积公式计算较为复杂的组合图形的面积。组合图形求面积需要把它转化成已学过的基本图形来求解,转化的方式有多种,从解决问题的角度看,学生只要掌握一种方法即可;从学生思维的发展看,学生应该接触多种方法;从学生能力的提高看,学生还应该能根据不同的信息选择最优的方法。

根据课堂前测,发现学生很容易想到找到基本图形,用"割"和"补"的方法求组合图形的面积。因此,通过同伴互助、教师的引导,让学生学会用一种方法求组合图形的面积是比较容易实现的。但是,课堂教学不能仅停留了在"保底"的层面上,要让数学的思想和方法内化到学生的心里,要让学生的学习效率、学习经验得到提高,实现挑战性学习。[1] 按照日本东京大学佐藤学教授的观点,要"实施体现每一个学生挑战性学习的教学,在教学中不采取小组学习是不可能的。……与同步教学相比,合作学习寻求的不是传授教科书知识的效率,而是丰富每一个学生的学习经验的效率。"[2]

基于这样的理论和认识,我们科研人员选取了浦东一所普通中学预备年级的数学教师曹老师作为"领航教师"。在科研人员的专业引领和同伴的互助下,曹老师在自己所任教的班级中,在近一年的时间里,围绕小组合作学习研究主题,共开展了 6 次研究课。"扇形的面积"是其中的一堂研究课。我们的研究目标是,教学中采用合作学习的方式,把"合作学习"作为"挑战性学习"来组织,高水准地设定"合作学习"的课题,努力实施体现每一个学生挑战性学习的教学。

二 教学关键事件描述

(一) 独立思考——特殊图形怎么求面积

(教师简短地复习过扇形和三角形面积公式后,开始提问)

教师:(出示平面图)看看下图是由哪几个图形组合得到的,特殊形状部分面积怎么求?

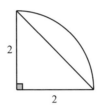

(学生们异口同声地说)

学生:由扇形和三角形组成,扇形面积减去三角形面积就是特殊图形的面积。

教师:通过以上的这个例子,我们在求一些特殊图形面积的时候,可以用以前学过的割补法来解决,关键是找到基本图形。

(二) 小组合作动手实践——这样的图形怎么求面积

(学生每四人为一小组。教师给每组提供了一张合作学习单,上面有题目及要求;另外每组学生提供基本图形正方形、三角形、长方形、扇形的塑料片各若干。)

(教师出示:四种基本图形)

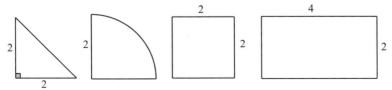

教师:大家听好了,我们讨论的要求是:(1)组合出特殊形状,至少用到一个扇形;(2)画出示意图,特殊图形用阴影画出来;(3)计算并记录;(4)小组派代表展示讨论结果;(5)讨论时间8分钟。

(学生四人一组小声地讨论着,有的动手拼图,有的计算,有的发表自己的见解……老师在教师巡视,对有的组进行指导。经过8分钟的讨论每个小组都完成了任务。)

(汇报开始了,各小组同学踊跃地举起了手。共有六个小组代表主动上台发言,共发现8种不同的做法。其中2个小组拼出了两种图形。)

教师:图形的组合方法多种多样,产生了很多不同的阴影形状,要计算这些图形的面积,需要利用什么方法来解决? 解决问题的关键是什么?

(学生们异口同声地说)

学生:运用割补法,找到基本图形。

教师:很好。刚才每个小组有不同的思路,拼出的形状也不相同,但解决问题的关键都一样,就是运用割补法,找到基本图形进行计算。

(三) 共克难关——可以有几种解法

教师:(出示平面图)接下来这道题目要提高难度了。仔细观察,这个题目的阴影部分能否利用手中的图形拼出来?

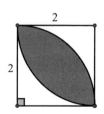

如图,在边长为 2 厘米的正方形中,求阴影部分的面积,可以有几种解法?

学生:(拿出桌上的塑料片开始拼图,拼好的学生有 11 人举起手来,向老师展示图形)可以的。

教师:用两个扇形叠起来就可以了。

(小组讨论开始,8 分钟后开始汇报讨论结果)

学生小组 1:我们组用的方法是用正方形的面积减去扇形的面积再乘以 2,就是两个 S1 图形的面积,再用正方形的面积一减就是阴影部分的面积,最后的结果是 2.28 平方厘米。

教师:很好。

教师:(板书):S 阴影 = S 正 − 2S1

$$= S 正 − 2(S 正 − S 扇)$$

教师:其他小组呢?

学生小组 2:我们组的方法是用扇形的面积减掉三角形的面积再乘以 2,结果是 2.28 平方厘米。

教师:很好。做法很简洁。

教师:(板书)S 阴影 = (S 扇 − S 三)×2

教师:还有其他的做法吗?

学生小组 3:我们组的做法是用两个扇形的面积减去正方形的面积就是阴影部分的面积。

教师:非常好。你们没想到吧。

教师:(板书)S 阴影 = 2S 扇 − S 正

(教师通过多媒体课件动态演示以上三种做法图形分割的思维过程,演示完后总结求特殊图形面积的方法)

教师:通过以上的例题我们知道用什么方法来求特殊图形的面积?

学生：割补法。

教师：用割补法解决问题的关键是什么？

学生：找到基本图形

三 反思讨论

（一）挑战性学习是学生能否真正进入学习过程的重要因素

《全日制义务教育数学课程标准（实验稿）》指出，"学生的数学学习内容应当是现实的、有意义的、富有挑战性的。"我们要进行课堂教学改革，但是为什么要改？怎样去改？要回答这个问题，必须从源头上来分析，学生取得学业成就的过程中，到底是哪些因素在起决定性的作用？著名教育专家顾泠沅教授指出，国际上有这方面的研究，经过元分析和数以千万计有效教学和课堂指导成果的综合分析，得出了影响学生学业成就最重要、远超过其他的三个因素。其中一个因素就是学生的学习动机和对自己的挑战性期望。[3]也就是说，课堂教学要激发学生的兴趣、爱好，让学生产生对自己的挑战性期望。不同的学生有不同的挑战水平，对有的学生来说，由不会到会是挑战，对有的学生来说，会了之后要追求卓越是挑战。一个人对自己有了挑战性的期望，他才能够真正进入学习过程。

从课堂效果来看，"扇形的面积"的学习内容是富有挑战性的，学习活动不是单纯依赖模仿与记忆，动手实践、自主探索和合作交流成为学生重要的学习方式；而且通过两个高水准的"合作学习"课题，这堂课创造了一种阶梯式的、挑战性学习的前景。因此，从某种意义上说，这个课堂的特点，就是学习是阶梯式的,是有挑战性的。有了挑战性学习,学生就会自觉学习,自主学习。

（二）在合作学习的基础上实现挑战性学习

日本学者佐藤学说过:"倘若内容平易,是不能创造性地展开思维能力的教育的。以低级的思维处理高层次的内容是可能的,但以低层次的内容培养高级的思维是不可能的。"教学内容不能过于简单,但也不是越难越好,应把握在学生"最近发展区"的框架之内。苏联教育家维果斯基把儿童能够独立达成的水准与经过教师和伙伴的帮助能够达成的水准之间的落差叫作"最近发展区"。题目"在边长为2厘米的正方形中,求阴影部分的面积,可以有几种解法?"对于普通初中以农民工子女学生为主体的六年级学生来说,似乎难度太大。如果基于学生的独立思考、个体探究,或许是这样的;而在合作学习的基础上,探索较难的、挑战性强的问题则是可能的。

（三）合作学习能够融基础性与发展性的教学内容,使得学生在互帮互学中实现挑战性学习

所谓"学习",是同客体(教材)的相遇与对话;是同他人(伙伴与教师)的相遇与对话;也是同自己的相遇与对话。我们通过同他人的合作,同多样的思想的碰撞,实现同客体(教材)的新的相遇与对话,从而产生并雕琢自己的思想。从这一意义上说,学习原本就是合作性的,原本就是基于同他人合作的"冲刺与挑战的学习"。[4]

根据建构主义理论,学习的过程是一种分享,一种肯定,通过同伴之间的相互讨论、辩证、澄清而建构出自己的知识体系。好的合作学习问题是小组合作学习赖以顺利进行的首要条件,也是合作学习具有教育价值的基础。一个好的合作学

习问题能够引起学生的兴趣,激活学生的思维,从而能使合作学习得以更加深入地进行。

在本堂课中,教师共开展了两次小组合作学习。围绕合作学习,设计了两个质量比较高的合作课题。第一题是利用基本图形拼出特殊图形并求其面积;第二题是在边长为 2 厘米的正方形中求特殊图形的面积。这两个合作课题都具有开放性,而且从内容难度上来讲也有一定的梯度,且答案都不唯一。在解决问题的过程中,学生可以在动手操作的过程中和同伴一起集思广益。这样的一种合作学习对培养学生的思维的灵活性和发散性方面有其独特的作用。可以说,合作学习能够融汇基础性和发展性的教学内容,使得学生在互帮互学的过程中实现冲刺与挑战性学习。

参考文献:

【1】戴曙光.简单教数学——一个特级教师的小学数学教学智慧［M］.上海:华东师范大学出版社,2012:175.
【2】佐藤学著.钟启泉译.学校的挑战创建学习共同体［M］.上海:华东师范大学出版社,2010:26－28.
【3】顾泠沅:《以学定教,少教多学,鼓励挑战性学习》
【4】佐藤学著.钟启泉译.学校的挑战创建学习共同体［M］.上海:华东师范大学出版社,2010:20－27.

三 在实践研究中成长

（一） 区域教师开展课程实施研究
的路径与发展特点

徐汇区教育学院　　杨姣平

　　影响课程改革成败的因素很多,其中课程实施主体即教师的课程能力尤为关键。课程的有效实施,需要教师根据自己对课程的科学认识和理解,从社会、学校和学生的实际情况出发,对课程进行调适和创生,使文本课程变成实践课程,从而满足学生的发展需要,实现课程的价值与目标。但是,传统大一统的忠实取向的课程实施模式,导致教师课程意识狭隘甚至悖谬、课程能力结构单一甚至缺失,很多教师只知有教学而不知课程,影响了课程改革的有效推进。如何解决课程实施内在要求与教师课程能力缺失的矛盾? 我们认为,教师课程能力的发展与课程的有效实施具有内在统一性,两者相互依存,共生共长。课程能力只有在相应的课程活动中才可能得到发展,而符合课程改革要求的课程活动很多是没有现成的经验和案例可以借鉴和模仿的,需要教师主动地探索和研究,摸索出课程实施的有效路径。所以,只有基于课程实施问题解决的教师行动研究,才能提升教师的课程能力,推动课程的有效实施。正如迈克·富兰在《变革的力量——透视教育改革》一书中所说:"变革是一项旅程,而不是一张蓝图",其"路线和目的地必须通过旅程自身找出"。

一 区域教师基础型课程实施研究的路径

新课程实施以来,一线教师的研究进入活跃阶段,特别是上海课改进入全面推广以后,发展成千军万马搞研究的态势。以基础型课程实施研究为分析范围,回顾与梳理我区教师课程实施研究的状况,有三种主要的研究路径。

1. 独立承担个人小课题研究

为促进教师主动参与课程实施研究,除了参与区级立项课题外,区教科室在教育局和教育学院的指导下,于 2006 年和 2007 年启动和实施了两轮"徐汇区'二期课改'教师研究专项课题",每次立项 100 项左右的课题,简称"百题研究",引导教师通过研究解决课改中遇到的实际问题;之后,将"百题"直接纳入区级课题,成为区级课题的一部分,从而形成稳定的运作机制。另外,随着研究的推进,校本层面的校级课题研究发展迅速。这些教师独立承担的课题具有小而实,易操作、周期短等特点。如"小学五年级阅读教学中'随文练笔'的案例研究"。这些研究在解决教师课程实施问题,提升教师能力方面发挥了积极的作用。笔者曾对进行研究的教师做过一个调查,经历过研究之后,94% 的被调查的老师认为,研究对提升自己的教育教学能力是有帮助的;97.6% 的老师认为教师做研究是有必要的。课题研究对教师教育教学能力的提升、学情的把握、理念的提升等方面都有较大的促进作用,特别是在思维方式上产生的影响更加明显。除此之外,大部分教师表示在教育教学中碰到重要问题的时候会有意识地通过专题研究,自己主动探索解决方法。教师正逐渐改变着自己的教育教学生活方式,越来越体现出教师工作的主动性和探究性。

教师个体小课题研究注重引导教师从工作实际出发,发现问题,挖掘经验,建立教师研究的自然通道,消除教师研究的陌生感,实现教师研究与课程实施的无缝对接,建构积极的、成功的研究体验。但是,在取得实效的同时,还存在一定的局限。一是选题视野突破不够。虽然涉及课程资源、教学方法、作业设计、学习习惯、学习能力等十几个领域,但聚焦教师教学方法和策略的研究,学习方式和学习能力的研究较少。二是研究内容的系统性不够。无论是课程内容的研究还是教学方法、学习方式的研究,大多是案例式、点状的研究。纵向上没有形成整体和序列,如现用教材资源的挖掘和新旧教材的整合方面的研究。横向上没有各个环节的系统思考与设计,如小组合作学习、探究式学习等学习方式研究,都停留在孤立的粗浅的层面,没有与学习目标、学习内容紧密结合,所以难以形成教学常态,真正实现课堂教学的转型。三是因为独立研究,缺乏专业引领与同伴互动,研究的成效受限。

2. 参与教研组教学主题研究

学校教研组和备课组是开展课程实施研究的重要组织单位,其研究对课程有效实施起关键作用。学科课程要求最终要通过学校教研组集体研究、统一规划,再由教师落实到具体的教育教学中。教研组或备课组进行的主题研究,决定着课程校本化实施的方向和质量,也直接影响教师个体课程能力的建构和发展。在新课程的实施中,除了常规的教研,教研组的主题研究呈现两种方式:一种是承担落实区域、学校层面的研究任务。任何层面的课程研究都要落实到学校、教师和课堂,学校教研组必然要承担和落实区域重大项目(具体见下文)、教研员研究项目、学校龙头项目的实践操作,以此作为学期教研的主题。一种是根据自身问题解决的需要,教研组长引领确立研究专题,以学期为单位进行系统设计与实施。如"建构初中语文文体阅读知识体系的实践与研究"、"高中作文教学序列化的实践研究"、"初中物理练习系统设计的研究"。教研组专题化、序列化的研究,从线或面上解决课程实施中的具体问题,体现一定程度的系统性和持续性,有较高的实效性。

但在具体的研究过程中,有两个方面有待加强。一是将外在的研究任务与教研组内的实际问题和有效经验进行对接,内化为自己的研究专题并进行创造性的实施。二是规范和细化研究过程,强化研究方法和工具的运用,实现"运用方法、基于证据、解决问题、提升理性思考水平"的实践研究形态。

教师个体在教研组集体研究中,即有中观层面的学习与思考,又能在具体的研究分工中自主的实践、体验与反思,从而实现学会思考、善于思考,构建自己有效的个性化的教学经验。

3. 参与区域领衔的重大课改项目研究

课改至今,区域一直持续聚焦新课程核心领域的重大项目研究,从"区域课程统整实验研究"到连续承担三项市教委重点教育科研项目"区域新课程实施的策略改进研究"、"基于中小幼学生创新素养发展特点的区域系统培养研究"、"基于课程标准教学的区域转化与指导策略研究"，深入课改难点重点，立足基础型课程校本化实施的系统研究，以校为本，教师为主，多元互动，探索课程实施的有效路径与方法，整体推进课改。

特别是正在进行的"基于课程标准教学的区域转化与指导策略研究"，在基础型课程实施的系统研究上更全面，更深入。多年的实践，课程研究与实施取得了一定的成效，但不可否认的是，相当一部分学校和教师还是停留在基于经验或基于教材、甚至基于习题基础上的教学，课程标准束之高阁。这违背了新课程实施的理念和方向，严重阻碍了课改的实施。课改进入攻坚阶段，急需建立系统科学的、易于操作的基于课程标准的课程实施范式，使新课程真正落实到所有学校，惠及全体学生。为此，我区由教育学院院长领衔，以此项目为载体，面向全区，联合学校、教师，组成"基于课程标准教学"的研究共同体，进行中观设计和系统引领，通过研制和实施区域性的《学科课程教学指南》和校本化的《学科教学手册》，完善单元和课时的《教学设计》，将课程标准层层细化，搭建学校教师有效实施新课程的脚手架，实现教学目标、评价与实施的一致性，落实基于课程标准的教学，创建"基于课程标准教学"的实践范式。自 2014 年以来，全区中小学 27 所实验学校主动参与，在区域引领下，教师合作讨论形成校本化的学科系统设计，分工承担实践任务，取得了初步的成效。最近对部分实验教师的调查发现，教师的课程能力有所提升。其中课程意识、课程标准的理解能力和教学目标制定的能力三个方面尤为明显。在目标的细化和把握上，逐渐体现其递进性与层次性。评价上也有了评价先行、以评促学，以评促教的意识和认识。

随着研究的深入,教师系统实施课程的能力将得到逐步提升。

二 区域教师基础型课程实施研究的发展特点

梳理教师基础型课程实施研究的实然路径,结合课改深入推进的内在要求。我们认为,教师课程实施研究呈现以下四个发展特点。

1. 教师新课程实施研究的重点突破是创建课程与教学的有效链接,创新教学工作机制,从而使教师课程意识和能力的发展与课程实施要求有具体承载的环节。

课程能力是在相应的课程活动中发展起来的,在传统教学活动的研究里打转只能是低水平的重复,或是新瓶装旧酒的游戏,新课程无法真正落地。学校《学科教学手册》的研制与实施,就是教师工机制创新的一种有效形式。它将宏观的课程标准与微观的课堂教学链接起来,让教师站在课程视域来理解和实施教学。其中,通过课程标准的理解与内化,学习目标与能力水平从学段、学期到单元课时的层级式细化和描述,与目标达成相适应的相应的评价设计、内容选择、学习活动与方式的设计等一系列的课程活动和课程行为,使课程的系统实施和教师课程能力的完型建构成为可能。

2. 教师的课程研究、实施与研修是三位一体的有机整合。

长期以来,老师对研究的认识存在偏差,其中有相当一部分教师认为课题研究给教学带来的实际效果不大,研究归研究,教学归教学。其根本原因是课题研究的思路和策略有问题,没有将课题研究、教学实践、教师的研修和学习统一起来,从而出现几张皮的现象,达不到提能增效的目的。所以在《基于课程标准教学的区域转化与指导策略研究》的项目实施中,我们围绕转化工具的研发与实施,同步进行研修,双轨融合。我们将课程研究过程、实施过程、研修过程整合在一起,研究既实践,研究既研修。区校两级根据研究与实践的过程和任务,设计序列化的研修内容,实现研修的课程化,最终形成研修课程。如此教师课程能力提升与课程有效实施才能真正实现。通过研究,我们形成区域性的"三位一体,四元协同"的机制,运用在课题研究中,我们提出了课题研究"研修导管"一体化实施的思路,并开发一体化实施的工具,让教师有具体可操作的载体,提升研究的效能。

3. 教师课程实施研究需要进一步规范方法,创新手段。

随着研究方法的多元和丰富,特别是质性研究方法运用,很多的研究逐渐远离科研方法的严谨与规范,造成研究成果与实践改进的科学性有待加强。在具体研究中,忽视研究过程性资料收集手段和工具的运用,导致规律揭示与理论归纳的事实依据不够客观和翔实。所以在课程实施研究中我们倡导和引领教师创新方法和手段,如根据研究目的研制课堂观察表、开发有针对性的教师反思工具等,并运用相关的质性分析软件。

4. 教师主动研究和实施新课程,是一个系统工程,需要市区、学校和教师高屋建瓴、系统把握、统整实施,才能减负增效。

实事求是地说,本次课改因为其创新性、复杂性与开放性,对实施带来了极大的挑战。不同层面都在进行研究与探索,围绕课改的研究项目繁多,且最终都要由实施主体教师来承担,教师显得无所适从,疲于应付,在某种程度上反而削弱了课改的发展。一位成熟期的语文教师感叹说:我现在参与学校6个项目的研究,而真正感兴趣有价值的是"基于课程标准教学区域转化与指导策略的研究",在众多的项目面前,我失去了自主思考和行动的空间,也大大减少了关注课堂与学生的时间。这代表了很大一部分教师的心声。为此,各级行政部门顶层设计和推动的项目需要优化和调整,整合、减少行政推动的项目,倡导专业引领、校本自主、创造性的课程研究和实施。同时顶层设计的项目要聚焦核心问题关键环节,使项目研究的实效最大化,避免无效研究和重复研究。

需要关注的是,在研究价值多元化的时代,不能只追求课程实施、研究普适性的客观规律和理性技术,更要关注、研究情境化的主观意义和实践价值。"课程发展即教师发展",课程实施是教师实现生命价值的最重要的活动,只有当教师的价值追求与新课程实施以及研究实现统一,教师才有研究的内在持久动力,课程实施才有成效。所以关注教师自身在研究中的生存状态,引领教师生命价值的自我提升,同样是教师课程实施研究发展的重要命题。

（二） 以"生涯课程"建设促进学生生涯发展

——上海市高东中学的实践探索

上海市高东中学　顾建荣　郑　钢

浦东教育发展研究院　杨海燕

一　生涯发展教育与学生生涯发展

生涯发展教育最早起源于美国,从早期的职业指导起步至今,具有 100 多年的历史。在生涯发展教育发展的过程中,涌现了丰富的生涯发展教育理论,试图通过不同的途径来解决个人在社会角色和生涯方面的问题。最有影响的是美国著名职业指导专家霍兰德(Holland)的职业类型论、美国职业心理学家舒伯的生涯发展观。1971 年美国联邦教育署署长西德尼·马兰(S. P. Marland)提出"生涯教育"的主张,使得生涯教育进入了全面实施的阶段,并从单纯谋求个体走上岗位到促进个体事业、生活和家庭的"全人发展"与终身发展,促使生涯教育内涵越来越丰富。

据调查,目前世界上已 40 多个国家将生涯教育列为重要的课程领域,其中美国、英国、澳大利亚等国的生涯教育最为全面和系统,因此,以培养人的自我认识能力和规划能力为主要目标,关注人的一生的生涯发展教育,在教育实践显示了强大的生命力。

二 中学生的生涯发展需求是什么?

中学阶段是学生个性形成、自主发展的关键时期,其身体、智力、人格、情感和意识在这一时期基本形成和发展成熟。许多学生缺乏基本的生活技能,家庭和社会的关系认识模糊,对自我认识和生涯认知具有较大的盲目性,缺少生涯规划的意识、技巧和能力,从而导致自我规划的盲目性和职业选择的不确定性,因此在中学阶段开展生涯发展教育非常有必要,帮助他们培养家庭生活的技能,认识家庭生活的内涵,了解自我、职业和社会的角色,促进个体自主、有序的发展,为未来生活做好准备。

2014 年起,上海市将开始实施新的高考改革方案,根据高考新政,高校招生将按照"两依据和一参考"。高中学生在完成基础型课程学习的基础上,可根据自身特长和兴趣,从 6 门科目中选择学习其中 3 门科目并参加相应的等级性考试,增加了学生的自主选择性。如何选择、报考以及发现自己的兴趣都需要学生具有了解自我,发现自我的能力。

高东中学是浦东新区的一所完全中学,共有从初中预备年级到高三年级七个年级,学生数近 800 人。高中生的群体特征比较明显,与市区实验性示范性高中的学生相比,学业基础一般,学习能力不是很强,学习目标模糊。绝大多数学生毕业后将报考应用型和技能型的大学,在就业岗位上更侧重于动手型和实际型的岗位,属于现代蓝领阶层。

这就需要学校给予学生生涯发展教育。能够帮助学生全面地了解自我,树立学习和生活的目标,激发自我发展的动力,并合理规划和安排自己的学习和生活。

三 "生涯课程"的整体规划

学校生涯发展教育立足于人与自我,人与社会,人与自然的三个维度,以多种途径和方法,为学生终身发展提供多元支持和"全人教育",培养学习者、未来社会公民和从业者的基本技能及素养,促进学生的可持续发展。

(一)"生涯课程"的目标定位

基于这样的思考,学校生涯发展教育课程建设的目标是:整体规划以初中和高中既相对独立,又互相关联并形成中学七年为整体格局的生涯发展教育的内容序列,发展与生涯发展相关的知识、技能和态度,促进学生在学习、工作与生活之间的积极互动,使学生有意识、有选择和有准备地走向高一级学校和社会。

在课程建设目标的框架下,学校将学生的培养目标定位在"培养学习者、未来社会公民、从业者的基本技能和基本素养,使得学生掌握必要的生存技能、自我认知、学习方法、问题解决、合作交流能力和规划决策的生涯发展能力。"学校还结合各年级学生的年龄发展和身心特征,制定兼顾五个内容,突出阶段目标,循序渐进的分年级阶段目标(见图1),以序列和梯度的形式螺旋上升,落实整体培养目标。

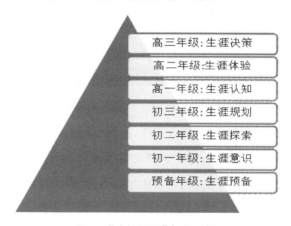

图1 "生涯课程"年段目标

（二）"生涯课程"的内容设计

生涯发展教育的内容将以生涯发展教育总体目标为指导,以全人教育的理念,从品德、心理、学业、职业和生活入手,整合心理教育、生命教育、民族精神教育、学业指导和生涯指导,确定"学会生活和学习"、"认识自我和社会"、"生涯规划与体验"三个领域,通过有组织、有特定目标的、系统的课程指导提供给学生的一整套个体发展服务,主要目标聚焦于学生在学业、个性、社会、生活以及职业领域的积极发展。

在目标和内容的维度上,学校生涯发展教育呈现了纵向目标和横向领域交叉的特点,将学校所有的工作整合起来,覆盖了所有的学校课程领域和教育教学活动,体现了课程的整体性和统整性。

四 "生涯课程"的实施

(一) 顶层设计,引领课程科学发展

课程建设,方案先行。学校制定了《普通完中学生生涯发展教育实施方案》,整体推进生涯发展教育,实施方案从实施背景、教育理念、培养目标、研究内容、课程框架、实施途径、课程评价、实施策略、组织保障和项目成果十方面提出了学校生涯发展教育的课程框架。《普通完中学生生涯发展教育实施方案》是学校生涯发展教育的纲领性文件,具有统领性和指导性。

(二) 十大课型,落实课程实施途径

生涯发展教育重在学生的参与、内省、自我规划和自主改进。落实途径是关系到课程目标是否能真正达成。学校针对不同的教学内容,确定了生涯发展教育的"十大课型"(见图2),以课型分阶段、多模式渐进地向学生呈现生涯的全景,引导学生走上生涯规划之路。

图2 生涯发展教育十大课型

（三）理论先行，点面结合推进培训

"生涯发展教育要深入，教师队伍建设是关键"。学校组织生涯发展教育专题读书活动，如《中学生职业生涯规划教学设计》等书籍，提供教师专业的理论支撑和案例学习，积淀生涯发展教育的知识和理论。学校制定生涯发展教育教师培训方案，组织专家系列专题讲座，一共10讲，帮助教师建立理论建构，掌握生涯教育和心理辅导的技能。

学校还外派教师参加了上海市"卓越生涯教师"培育计划的培训，使得教师具备"较高的生涯发展教育理论素养、专业技能、科研能力和国际交流能力"，通过"种子教师"的培养，指导和引领学校生涯发展教育。

（四）课堂研究，提升教师实践能力

目前生涯课型已经开发了7种，教育对象已覆盖初中三个年级和高中两个年级，上课教师接近40人。如何帮助教师转变教育观念，提高教学能力是课程推进的关键。项目组多次组织不同层面的生涯教学研讨活动，以课堂和课例为载体，开展教学研究，帮助教师理解生涯教育课堂的理念，建构生涯发展教育课堂，推进项目研究不断深入。

丰富和立体的教学研讨既有教师之间的不定期探讨，也有年级组和学校层面的研讨会。既有课堂的解剖和分析，又有经验的提炼和分享，更有问题的提出和解决，起到了示范引领和问题解决的目的，取得了很好的效果。

（五）建立基地，搭建体验实践平台

走向社会，给予学生直接的社会感性认识和行业职业体验是生涯发展教育的重要内容，学校积极发掘社区内的各种资源，努力将课堂延伸到校外。在高东镇党、政府的鼎力支持下,社发科的努力协调和各企事业单位的大力配合下,学校与12个行业16家单位签约,成立了学生社会实践基地。

学校组织了学生参加社会实践基地的职业体验,进行职业道德教育、开展与职业人士访谈,进行职业动手体验,开展生涯探究或开展专题研究等一系列职业体验活动。学校还开发了《高东中学社会实践与研究性学习手册》,记载学生的职业体验过程,反映学生职业体验的收获,并为学生生涯规划和选择服务。

五 "生涯课程"建设的制度和组织保障

1. 建立管理网络,强化组织保障

生涯发展教育是学校发展和改革的龙头项目。如果没有强有力的管理体系和组织保障将无法推进课程的实施。学校为此建立了基于生涯发展教育课程建设的管理组和工作组,管理组由学校校级领导担任。工作组下设课程开发管理、学生实践管理、科研信息管理、项目实施保障四个小组,学校相关负责人担任组长,体现了学校的日常工作与生涯发展教育整合和融合的思路。

2. 加强制度创新,激励教师发展

学校从制度建设入手,发挥导向作用,制定相应的配套措施和制度,激励教师积极参与生涯发展教育的改革和实践,推进项目的实践。制定了生涯教育课堂教学和学案开发以及设计的教师激励制度、生涯教育课堂教学的若干要求。在具体实践中,学校建立了"教师合作制"和"行政结对制",提高学案的开发质量。

3. 开发成长档案,动态评价

生涯教育的评价要从教学目标出发,注重从认知、情感和技能等方面全面衡量学生生涯教育的学习效果,坚持过程评价和结果评价,了解学生自我角色的认识,内在择业观念的转变、职业情感的培养和职业决策能力的提高。将学生的生涯教育评价与学期成长手册结合起来,丰富学生评价的内容。

生涯发展教育的课堂本质上是活动和体验,学生在活动体验和感悟中提高对自我、职业世界和社会的认识,并在三者的互动中提升生涯规划能力。生涯发展教育课堂非常受学生的欢迎,许多学生在问卷调查中表示:"他们非常喜欢生涯教育课,课堂内容非常多彩,很多话题来自他们的生活,能激发他们的兴趣。"也有学生说:"职业体验活动让他们走进社会,了解社会和经济的发展,并能在不同的行业接触中了解自我的兴趣,非常有意思。"而且,越来越多的学生能结合自己的兴趣、特长能力和实践的体验,找到适合自己发展之路。并在此基础上,激发自我发展的动机,明确学习目标,加强自我发展。

（三） 整合区域优质资源，满足学生发展需求

——与区域心理健康中心共成长

黄浦区教育学院　　张　俊

黄浦区是一个有着丰厚历史人文底蕴的老城区,又是上海现代服务业的重要集聚区和充满活力的文化特色区。从20

世纪 80 年代中,大同中学、格致中学等学校开始对中小学生开展心理辅导的探索,到 1998 年市教委工作会议提出三年规划后,区教育局于 1999 年根据区情颁发指导性文件:《关于加强学校心理健康教育的若干意见》,黄浦区学校心理健康教育工作有组织有领导地正式启动。以"心理健康教育合格校"为抓手,开展以"(心理教)师、(心理辅导活动)课、(心理辅导)室、(心理健康教育)活动"为基本内容的创建工作。但是,由于社会对于心理辅导与咨询存在一定的误解,该项工作始终处于雷声大雨点小的状态。

2004 年,本人由上海市第八中学,调任黄浦区教师进修学院(后更名黄浦区教育学院),任职区心理健康教育教研员。在随后的十年里,我"十年磨一剑",立足本职,扎根一线,根据黄浦区心理健康教育工作的实际情况,狠抓队伍、大胆创新,使全区心理健康教育工作面貌一新,并且提升了我区心理健康教育在全市乃至全国的知名度。2013 年,黄浦区被教育部评为全国心理健康教育示范区,我本人也连续四届获得上海市心理辅导先进工作者等荣誉称号。2014 年,根据工作需要,我调任干训部工作。虽然离开奋斗了十八年的学生心理健康教育的第一线,但我还是无怨无悔。我将自己的专业关注点由学生心理,转向教师心理、干部心理,开设了数门市级、区级的师训课程,同样干出了一番事业。

回顾自己多年来的职业生涯,最大的体会就是"成就区域就是成就个人"。

一 整合区域优质资源,满足学生心理发展需求

学科教研员是一项专业性要求比较高的工作。虽然之前

是一位较为优秀的团队干部、心理教师,但是区心理健康教育教研员是一项极为不简单的工作,它要求我成为全区该专业的专家、权威。

为全面了解全区心理健康教育的现状,我上任之初便深入基层摸情况,还亲自设计、策划了"黄浦区中小学心理健康教育现状调查",在最短的时间内摸清了全区心理健康教育工作的基本情况。然后根据调研情况,向区教育行政部门提交《关于进一步加强黄浦区中小学心理健康教育的若干若干建议》,得到当时教育局分管德育工作的曹跟林副局长的肯定。

1. 狠抓教研,提高教研活动的生命力

我根据心理健康教育工作的特点,制定每月一次全区性教研活动的工作机制;狠抓出勤率,狠抓教研活动质量;保证每学期一到二次专题研讨会;利用教研活动,为基层学校在全区展示心理健康教育成果提供舞台。我精心挑选骨干教师成立了"区心理健康教育中心组",使得教研活动的数量和质量都得到了保证,受到基层学校和心理教师的肯定和欢迎。

2. 狠抓学校心理健康教育相关制度的规范建设

为解决中小学心理健康教育制度不全的问题,我编制了《黄浦区心理教师花名册》、《黄浦区心理教师通讯录》、《黄浦区心理教师工作概况登记表》,并且做到每学期开学阶段及时更新。另外,我还完成了心理健康教育相关文件的整理、下发;有关制度的建立、规范;课程内容的梳理、开发。

3. 规范学校心理辅导室的硬件建设

针对我区基层学校心理辅导室建设水平参差不齐的问题,我用了一年时间,跑遍了全区所有的中小学,通过与学校领导的沟通与对话,为学校心理辅导室的建设提供指导。我组织了"黄浦区中小学心理辅导室验收评比活动",表彰了一批优秀心理辅导室。经过努力,黄浦区中学心理辅导室的达标率达到100%,小学心理辅导室的达标率也将近70%。

4. 稳定专职心理教师队伍

针对我区心理教师队伍不稳定,学校经常随意换人的问题,我与基层学校领导积极沟通,通过心理教师填写《心理教师基本情况登记表》、校长认定盖章的方式确定了我区心理教师花名册,并印制了通讯录。我通过出台"对心理教师工作量的认定"、"对心理教师工作待遇的认定"、"对心理教师工作范围和职责的认定"等举措,稳定心理教师的工作状态。

5. 狠抓心理活动课的质量

为推动学校心理健康教育工作深入开展,进一步提高学校心理辅导课的质量,我要求基层学校统一配备由上海市中小学心理辅导协会编制的教学课件光盘。我组织了三届黄浦区心理活动课大奖赛,并且先后指导18位优秀心理教师,参加上海市第一届、第二届、第三届心理活动课大奖赛。我花了大量的时间和精力,下基层听课,认真帮助参赛教师精心备课,并全程陪同他们参赛。最终18位教师全部获奖,有5位教师获得市一等奖,11位教师获得市二等奖,2位教师获得市三等奖。由于总体成绩突出,我区三次被评为该项赛事"优秀组织奖"。

2012年,参与上海市教委主编、上海教育出版社出版的中小学心理学科教材《心理健康自助手册》的编写,独立撰写第五模块《寻找金苹果》。

6. 为基层心理辅导教师搭建展示才华的舞台

我策划制订了《黄浦区中小学心理健康教育先进集体、个人的申报办法》,计划每3年一次对我区心理健康教育的先进集体和个人进行表彰。我策划组织了"黄浦区个别心理辅导案例和团体心理辅导设计评比活动",发掘了一批后起之秀。

2013年至2014年,本人被聘任带教崇明县教师进修学校新上岗心理教研员魏超波,并指导其获得上海市青年教师课题一等奖。

7. 组建区学校心理辅导中心

我受区教育工会和教育学院委托,承担了组建黄浦区学校心理辅导中心的任务。我多方打听、认真规划、仔细比较、精打细算,终于在经费有限的情况下,顺利完成了区学校心理辅导中心的软硬件建设。同时,我精挑细选,邀请了7位具有"国家心理咨询师(二级)职业资格证书"的优秀心理教师(包括我自己在内)担任特聘咨询员。自2006年10月区学校心理辅导中心开始为我区广大师生服务至今,我一直负责中心的特聘咨询员管理和教师心理热线的日常管理工作。由我亲自策划的区学校心理辅导中心《教师心理导报》正式出版。

2012年,两区合并后,我经过再次调研,提出与区文明办合作,升级建立新的区学校心理辅导中心——"蜻蜓心天地"区未成年人心理健康辅导中心、区未成年人家庭教育指导中心。并将其作为黄浦区贯彻落实2004年中央8号文件精神,切实加强和改进未成年人思想道德建设的一项实事项目,同时作为统整区域内外优质资源、办"精品教育"的有力举措。

经过多年努力,"中心"目前下属一个中心、二个分中心,总面积达1000平方米。配备有个别辅导室、团体辅导室、宣泄室、沙盘室、放松室等功能室,以及华师大、惠城公司出版的专业仪器、专业设备和专业软件。"中心"面向全区中小学生、家长、教师,提供心理健康服务、家庭教育指导,是黄浦区学生心灵成长的服务中心、家庭教育的互动交流平台,教师专业发展的实训基地。其服务的项目主要有为全区未成年人提供24小时心理热线服务,以及专业化的面询服务。

2013年,黄浦区被教育部评为全国心理健康教育示范区。

8. 发挥联动优势,促进社区青少年的综合治疗

学校是对学生进行心理健康教育的主渠道。但是心理健康教育不单单是学校的事,是一项社会系统工程。要想取得成效,必须要校内外联动,形成学校、家庭、医院、社区四位一体的心理健康教育机制。

我格外重视动员社会力量,其中黄浦区计生委、区妇联是最为卓有成效的合作者。2006年,我们合力开辟了对学生非在校时间进行青春期教育的新途径,组建了一支人数达30多人的家庭青春期教育志愿者服务队。组织优秀青春期教育教师走近家庭、走近社区,开展青春期教育讲座、义务咨询、团体辅导、编辑宣传资料,对高中学生家长如何在家庭中对子女进行青春期教育提供帮助和指导。到目前为止,我们累计为9个街道、21个社区提供了82次大型讲座,受众达到8000多人次,跟踪家庭个案130多例。

我又和区青保办、区妇联、区计生委合作,组织部分优秀青春期教育专任教师对进出舞厅、卡拉OK、夜总会等公共娱乐场所的高中生(职校生)进行预防艾滋病、预防毒品、《未成年人保护法》等方面的教育。我们的举动引起了娱乐场所的重视,不仅配合我们的行动,而且还邀请我们的老师为他们的工作人员上课。

从组织个别大学生志愿者到中学开展讲座宣传,到大学

生志愿者组成小组进课堂开展主题教育活动,到现在组织小组进入班级集体参与活动,中学生的情感、态度和价值观发生了积极的改变。目前,在兴业中学、金陵中学、储能中学、三好中学每学期都有计划地开展同伴教育活动。每次都围绕比较敏感的青春话题进行探讨,并采用一些中学生喜欢的活动,如团体游戏、角色扮演、头脑风暴等形式,很受中学生的欢迎。以后将尝试大学生同伴教育者参与中学的社团活动,然后带领中学生同伴小组,在班级的专题教育时间开展青春期同伴教育活动,以提高教育实效并形成有效的工作机制。

我们在青春期教育方面所取得的成果受到了上海市教委相关领导的重视。2011 年"在青春园地里耕耘——上海市高中青春期教育经验交流会"在我区举办。格致中学、金陵中学、储能中学等学校围绕"如何对重点高中学生进行青春期性健康教育"、"班主任纳入高中学生青春期教育的队伍"、"高初中联动的同伴辅导"等热点话题做了建设性的分享,被教委领导誉为"区域中小学心理健康教育探索中的排头兵"。

本人自 2009 年起至今,受区教育局指派,作为黄浦区"国策教育进课堂"项目组工作秘书,配合区妇儿工委做好十二五、十三五期间"黄浦区妇女儿童发展规划"在中小学的各项落实工作,负责推进"国策教育进课堂"的工作。多次在国务院、教育部、上海市层面介绍黄浦区"国策教育进课堂"的开创性探索与成功经验,受到部委、各地省市领导的一致好评。2014 年 12 月,本人代表上海参加"全国基本国策教育进校园工作交流研讨会",并在大会做主题发言,受到国务院妇儿工委办苏凤杰主任的接见。

区域心理健康教育工作的发展,同样让我本人获益匪浅。

我获得了 2003—2004 年度上海市心理健康教育"先进青年"称号,(2006 年—2008、2009—2011、2012 年—2014)连续三届获得"上海市学校心理健康教育先进个人"荣誉称号。2013 年,获黄浦区工人先锋号劳动竞赛先进个人。

二 根据需要开发课程,为教师职业生涯发展保驾护航

在现代学校教育体系中,学校心理健康教育并不仅限于心理教师的心理活动课教学,应该是全体教职员工通过各种教育教学活动来展开的。开展教师成长的团体辅导是促进教师心理健康和专业发展的有效对策。

为了进一步提升我区中小学教师心理健康的水平,促进他们职业生涯的可持续发展,我们制定了"抓基础、固塔基;抓骨干、壮塔身;抓名优、树塔尖"的基本方针,确立了"普遍学习、骨干研修、专业教师持证"的三级培训机制。积极尝试通过教师职后培训的途径,面向全体教师,以团体辅导的活动形式,进行应对教师职业倦怠、促进教师专业化成长的探索。从 2005 年到 2017 年,我开发的市、区级课程有:《教师心理调适和团体游戏辅导》、《班级心理辅导技能研修》、《教师心理成长工作坊》、《积极心理学取向的教师成长幸福课程》等,其中有三门课程还被上海市教委选为可以面向全市教师的市级教师职后培训共享课程。

培训采用"参与和互动式学习方式"。强调以参与者为中心,教师由讲授者转变为协助者,应用各种有趣的活动形式,使受教育者由被动听讲为主动参与,从而改善教育活动的效果。其基本理念是倾听、分享、非评判和多种思维。对构建新

型的师训模式进行了有益的探索。培训获得学员的普遍好评,并且许多教师会积极向自己同事推荐,使得参与教师越来越多。

目前,从培训范围看,这种参与式心理培训还扩展到对教育管理者的干训、新班主任上岗培训以及日益增多的学校校本培训。参与互动式的培训,正在悄然地改变我们的某些教学观念、教学方式方法,为教师教育注入了新的活力。

2014 年,我的课程《教师心理成长工作坊》被评为"黄浦区优秀师训课程"。

三 有序进行生涯规划,追求职业生涯的完美发展

生涯规划实际上是一个持续不断的探索过程。多年来,我根据自己的工作实际,逐步通过设计、尝试、反思、调整,形成较为明晰的自我概念与规划。

1. 自我分析,认识自己的发展状况

准确的自我认识和自我评价是制定个人职业规划的前提,了解自己可以说是教师职业生涯规划的首要步骤。自我分析主要包括对个人的需求、能力、兴趣、性格、气质等等的分析,以确定什么样的规划比较适合自己的现状和能力。冷静客观地剖析自己,有助于制定奋斗目标和具体步骤,从而免掉许多不必要的纠结和烦恼。记得 2006 年,我曾对自己做过一次客观的分析:①具有一定的专业知识背景和积累;②具有一定的教育科研能力;③具有一定的组织协调能力;④在市里同行中有一定的知名度;⑤理论素养和创新意识尚显不足;⑥工作的关注点和覆盖面还比较窄。

通过对自身各方面情况进行分析和总结,我清晰的认识

了自己。通过求学深造、拜师学艺、人文阅读等途径弥补自身的不足和缺陷。另外,在认识自己的显性优势的同时,我通过自我分析还认识到自己的潜在优势,为自己确立正确的发展方向打下良好的基础。

2. 平和心态,避免不切实际的自我定位

一个人的精力是有限的,能力也不是无限的,有些目标即使付出毕生的心血也无法实现,那么这样的目标便是无意义的,设计出来只能徒增烦恼。因此,我在设计自己的生涯规划时避免不切实际的空想,立足现实,将自己的职业发展目标定位在两个方面:一是优秀的德育工作管理者,二是杰出的教育科研能手。

成功心理学的理论告诉我们,判断一个人是不是成功,最主要的是看他是否最大限度地发挥了自己的优势。我认为,人之所以能够出类拔萃,是因为他们能清楚知道自身的优势所在,并通过勤奋让优势获得了最大限度的发挥。因此,我根据自身的条件和所处之环境,避免不切实际的自我定位,选择好自己的职业发展道路。

3. 踏实规划,制定不同期限的发展目标

职业生涯规划中的长期目标一般情况下是不变的,至少在相当长的一段时间内是相对稳定的。我是一名区教育学院的德育研究员,主管区域内的心理健康教育和青春期教育的教研工作。工作性质决定了我的长期目标不同于普通的教师,经过认真的思考,我将个人长期目标定为“成为本领域内的专家型教师”。

短期目标是根据长期目标制定的,是对长期目标的落实和具体化。我曾经在 2006 年制定的“2006—2011 的个人短期发展规划"中做出如此规划:业务上,力争在3~5年内评上教育心理高级教师;力争在3~5年内进入区名师工作室学习;获得一项心理学专业的职业资质证书;力争在5年内被评为区级以上骨干教师;力争在市一级层面发挥更大的作用,成为专家组成员。学历上,力争在3~5年内获得硕士学位。后来的实践证明,制定适合自己的长期和短期目标,对我后来的发展起到了举足轻重的作用。

4. 适时调整,不断优化发展规划

事物总是在不断前进过程中变化着的,我们必须以发展的眼光看待自己的职业发展规划,俗语说"计划没有变化快",我们应当定期对拟定的行动计划和目标结合实际情况进行适时而灵活的调整和规划,以适应不断变化发展的工作实际。否则,就会在职业目标实现的道路上走弯路甚至错路。

2008年,我曾经对"2006—2011的个人短期发展规划"做出过调整。当时,在"力争在3~5年内评上教育心理高级教师"、"力争在3~5年内进入区名师工作室学习"、"获得一项心理学专业的职业资质证书"、"力争在市一级层面发挥更大的作用,成为专家组成员"4项目标已提前完成。2006年,我参加由市教委组织的"上海市生命教育高级研修班"研修,并且成为"上海市生命教育高级专家组"成员。2006年,我获得了国家人事部"国家(二级)心理咨询师"职业资质证书。2007年,我被评为教育心理高级教师。2007,我成为黄浦区"周文康"名师工作室学员。

于是我及时调整了自己的发展规划:在2008年—2011年期间,将"力争在3~5年内获得硕士学位"、"力争在5年内被评为区级以上骨干教师"作为主攻目标,又新增两项内容

"在公开出版物开辟个人专栏"、"编辑及拍摄一部心理或家庭教育方面的专业电视节目"。

2011年,我获得了上海师范大学"教育管理"专业教育硕士学位,毕业论文被评为"优秀"等第。2011年,我被评为黄浦区"教育心理"专业骨干教师,并在2015年再次获评。自2009年起至2014年,我受邀请,在《上海中学生报》心理专版开设专栏"心理卡片"和"心灵速度机"(全年连载,每周一则),至今累计发表专栏文章120多篇。2012年,我与上海教育电视台合作,作为采编和制作,拍摄了一部名为《家教天地》的百集纪录片,并在上海教育电视台历时一年逐集播出。

5. 自我加压,击败畏难情绪突破自己。

原有的短期规划已圆满完成,"成为本领域内的专家型教师"的长期规划仍需努力。躺在功劳簿上享受成果不是我的性格,我决心继续前行。对于2012年~2017年的个人发展规划,我定位为"结合自己教育管理专业,获得在教育管理层面的经历与经验"、"力争在3年内参加市级层面的名师实训基地的学习"、"在增加1~2项专业资质证书"、"出版一本属于自己的专著"、"参与国家层面的教育研究项目"、"获得市级乃至国家级的论文评选高等第奖"等等。

到目前为止,上述目标也已基本完成。2013年3月至2014年6月,我借调到区教育局体卫科艺科工作,主要负责中小学德育和青少年保护工作。在新的岗位上我不断学习和成长,完成了人生中非常重要的一次蜕变,不仅是学以致用,而且获得了宝贵的经验。自己在理论功底、思维方式、文字水平、交往能力等诸多方面得到较大提升,完成了由一名单纯的专业技术人员到专业技术、行政管理复合型人才的角色转变。

2012 年,我成为了上海市第三期"普教系统名校长名师培养工程"教心基地学员,并且担任学员班长。同年,我成为了上海市第三期中小学教师艺术人文素养培养与研究德育实训基地学员,同样担任学员班长,并被市教委评为"德育实训基地优秀学员"。2015 年,我被上海市中小学教师艺术人文素养培养与研究德育实训基地主持人留下,担任基地第四期的助教兼班主任。

2012 年,我获得了"上海市(中级)学校心理咨询师"职业资格证书。2013 年,我获得了国家人力资源和社会保障部颁发的"家庭教育指导师(高级)"职业资格证书。

多年来潜心科研,也取得一定的成果。2010 年,论文《中小学"温馨教室"幸福指数的实践研究》获第五届上海市中小幼心理健康教育优秀科研成果一等奖。2012 年,案例《家庭会诊——帮助学生的艺术》被评为上海市中小学学科德育优秀成果征集评选活动"浸润与成长"育人案例征集评选活动一等奖。2012 年,论文《家庭会诊:拓宽育人的环境》发表于核心期刊《思想理论教育》11 月刊。2013 年,《心灵成长你我相伴——黄浦区校园心理剧展演纪实》发表于《中小学心理健康》2013/17。2013 年,特约稿《高考前学几招"考子兵法"》刊登于《新闻晚报》5 月 23 日 B16 版。2014 年,特约稿《高考心理减压与自我调节》刊登于《文汇报》5 月 30 日第十版。2014年,课题《现代城区中小学青春期教育衔接体系研究》获得上海学校德育"德尚"系列研究课题优秀成果评选二等奖、上海市第六届"健生杯"中小学德育研究课题优秀成果评选二等奖。2016 年,论文《区县级未成年人心理辅导中心运作机制研究》获全国非智力因素研究学术论文评比一等奖,黄浦区第十二届教育科研成果三等奖。2016年,论文《中小学艺术教育的德育一体化建设情报研究综述》获上海市中小学幼儿园课题情报综述征文评选二等奖。2016年,课题《区级未成年人心理辅导中心运作机制研究》获上海市学校德育"德尚"系列研究课题优秀成果二等奖。

自2014年起至今,我作为教育部哲学社会科学研究重大课题攻关项目《大中小德育课程一体化建设研究》的学术秘书之一,协助课题负责人做好课题管理、推进、总结、成果上报工作,并主持编写创新性成果《中小学艺术德育目标序列》,得到市教委王平副主任的表扬。

2017年,我将坚持多年的中小学"温馨教室"建设研究成果编辑成册,个人专著《"温馨教室"——中小学班集体建设的探索》由广西师大出版社出版发行。

6. 继续努力,向新的目标奋力前行

目前,我已经为自己制定了2018到2023年的个人发展规划,目标包括"通过市级课题研究,开创黄浦区学校干部培训的新特色与新品牌"、"争取考取教师教育方向的博士,提升干训工作的能力"、"将个人主持的《教师心理成长工作坊》市级师训课程由面授改造为网络课程"、"争取成为教育心理专业的区一级学科带头人"。

这些新的挑战每一项都很艰难,但有了它们,我教师生涯的下一阶段将不会再有任何的迟疑和颓废。我始终斗志昂扬、奋力前行。可以这样说,精彩的职业生涯规划,是提高我职业幸福感,追求完满人生的法宝。

综上所述,我个人的成长始终与区域教育的发展紧密联系在一起。没有黄浦教育高地的平台,就不会有今天我的成长。我相信,黄浦教育的发展一定能为我职业生涯发展提供越来越好的平台与资源,而我,也真心实意地为黄浦教育的发展增添自己一份微薄的力量。

(四) 表现艺术治疗在家庭心理教育中的策略研究

上海市金山初级中学　徐永梅

一　问题提出

《上海市中小学生学业质量绿色指标》中指出:学生的身心是否健康,关系到民族整体素质能否提高,关系到国家的未来与兴衰。因此,高度关注中小学学生的心理健康刻不容缓。孩子父母受教育程度、职业、家庭文化资源等综合因素是学生成长的社会(经济)背景,而学生的家庭背景与环境对学生个体成长产生的影响不言而喻。如何开展行之有效的家庭心理辅导手段和方法,如何为中小学生的心理健康与成长开辟新的有效途径,势在必行。

1. 中学生心理辅导的误区分析

中学生正处于心理高速发展的阶段,在这一特殊时期里,中学生的生理变化迅速、成熟较快,心理成熟则相对较慢。这种发展的不平衡易引起,如反抗和依赖、高傲和自卑、开放和闭锁共存等许多矛盾冲突。学校德育工作与心理教育工作者的共同任务是帮助学生在生活、学习、人际交往、自我意识等方面全面发展,更重要的是,心育能够丰富德育的内涵,心育能够使得德育的方法灵活,心育能够优化德育的环境,心育能够强化德育实效。提出"心育"概念的班华教授认为,心理教育是主体从心理层面形成完整的人的活动,不是通过直接的语言教授,而是通过心理活动辅导引起学生的心理机能和素质结构的变化,培养学生主体自己去成长和学习的能力。

我们在中学心理辅导实践中发现,但凡心理有问题的学生,其背后几乎都存在一个有问题的家庭,有的家庭关系不和谐,有的家庭结构不完整。学生的心理问题虽然能够在心理辅导室中得到很好的宣泄和控制,而一旦返回家庭环境中,又会"旧病复发"。家庭不但没有帮助学生恢复心理健康,反而变成了引发心理问题的发源地。于是,课题组在学校心理辅导中开始尝试将学生及其家庭看作一个整体进行心理辅导,改变单纯以学生为中心的辅导策略。

2. 家庭心理教育的现状梳理

家庭除了日常生活的功能之外,还有一大主要功能——满足家人的心理需要,满足家庭成员归属感、安全感和社会支持等方面的需要。但是在实际生活中,相当一部分家长在进行家庭教育时只重视孩子生活上的需求,却忽略了心理健康方面的教育。在这种情况下,孩子往往在性格塑造、品格形成、心理健康等方面产生诸多问题。家长对心理健康教育的忽视和缺失,不仅直接影响着家庭教育的质量,更限制了中学生的心理健康与成长。

近年来,学校心理工作开始重视家庭教育对孩子心理健康的影响。据调查,家庭心理辅导工作还存在着以下两个方面的问题:

（1）活动目的不明确,活动简单化

学校通过开展家长会、家访等形式与家长合作,学校教师在与家长沟通时,更多的只是汇报学生的学习情况,较少涉及心理健康教育,而且这一类活动常常没有一个系统的、明确的目的,使得家庭学校心理健康教育的合作非常缺乏计划性。家长会几乎成了报告会,基本上是教师或外请专家讲授心理健康教育知识或学生心理健康状况,而家长较少反馈和主动。家庭心理教育长期以言语类指导为主,能否真正打通父母与孩子的沟通的桥梁是一个有待考察的问题。

（2）活动缺乏针对性,流于形式

学校开展的健康教育活动没有针对学生的实际情况,内容笼统、空洞、无序。一些活动往往只是停留在活动记录、活动总结上,并没有开展实质性的活动,家长所获得的也只是一些规劝性的知识和技能,很难迁移到日常家庭教育中。

3. 家庭心理教育的新途开发

以心理治疗为导向的艺术活动可以填补家庭教育中单调的语言类疗法。艺术感染可以直达人心,是包含想象力、创造力等人类潜能的综合性元素,在活动的体验、分享中,将家庭沟通于艺术之中。本课题将在心理健康辅导中,尝试使用表现艺术治疗的手段,以探索出家庭心理教育的新途径。

表现艺术治疗作为一门新兴学科,兴起于 20 世纪中期,指的是通过音乐、绘画、雕塑、书法等艺术形式,给患者带去改变的身心治疗方式。表现艺术治疗让患者在作品创作的过程中,表达自己的内在情绪,具体包括了舞蹈艺术治疗、视觉艺术治疗、戏曲艺术治疗、乐治艺术治疗等,这些外在的表现形式,使得一些内在的、无法触摸和说明的体验,以外化的形式表现,从而达到表达和交流的目的。基于中学生的生理年龄和心理特点,这些艺术形式更能让他们能接纳,在对其心理辅导的同时能改变他们的认知方式,改善家长的育人方法,提升他们的心理健康水平,提高家庭幸福指数。

目前,表现艺术治疗已经被广泛运用到了心理康复治疗机构,治疗的群体也在不断扩大,除一般患者外,还包括了一些特殊的群体,如儿童、老人、家庭、学习障碍者等。表现艺术治疗兴起于国外,国外对其运用起步较早,运用经验丰富,娜塔莉·罗杰斯是人本主义代表人物罗杰斯的女儿,同时她也是艺术治疗的代表人物。相较于外国多年的发展和运用而言,国内的运用与研究尚处于起步阶段。表现艺术治疗在心理学领域的使用最为广泛,有时传统的谈话治疗方式就难以达到效果,然而,表现艺术治疗方法,能够通过运用绘画、音乐、舞蹈等具有娱乐性并且轻松的方式,发挥较好的治疗效果。对中学生群体而言,艺术能够明显改观其本身具有的创造力,并以此为基础提供大量的创作灵感,对学生的长期发展也有积极意义,因此,表现艺术在心理辅导方面的作用不言而喻。

4. 研究目的

本课题的研究目的包括以下三个方面:一是通过艺术治疗形式有针对性地开展和加强家庭心理健康教育的指导,增加家庭心理指导的新方法,开辟家庭治疗的新途径;同时,也提高教师进行家庭教育指导的理论水平和实践指导能力,与家长一起为孩子创造一个健康成长的空间;二是通过阶段性的研究和实验,以期制定出治疗心理亚健康状态中学生家庭心理咨询的有效辅助方案,并为表现艺术治疗学的发展提供个案支持;三是通过对表现艺术治疗学的研究,进而完善表现艺术治疗学在心理学科中的运用,充分挖掘表现艺术治疗学的重要应用价值。

二 研究对象和工具

1. 研究对象

本次调查随机抽取学校六、七、八、九四个年级中两个班级,利用华东师范大学周步成先生主修的《心理健康诊断测验表》(MHT)为测评工具以班级为单位进行问卷调查。共发出问卷 384 份,收回 358 份,除去效度量表得分 14 分以上的 13 份和 3 份全部选 A 的量表,除去 16 份无效量表,还有 342 份有效量表。其中男生 192 名,女生 150 名。

2. 研究工具及统计结果分析

本研究利用华东师范大学周步成先生主修的《心理健康诊断测验表》(MHT)和家庭功能评定(FAD)量表作为测评工具,以班级为单位进行问卷调查。测试结果使用 SPSS 20.0 软件和 Microsoft Excel 2007 软件进行统计处理,分析结果如表一所示。

在本次调查统计的 342 名学生中,检出有较严重心理健康问题(即高焦虑水平,总量表分 >65 分)的学生 11 人(7 女 4 男),占调查人数的 3.22%,存在一定心理问题(中等焦虑水平,总量表分在 35 ~ 65 分之间)的 210 人,占总人数的 61.40%;121 人(占 35.38%)属低焦虑水平(总量表分 <35 分)。与国内相关研究比较,学生存在严重心理健康问题倾向者所占比例不高,近四成学生心理健康状况良好。特别要加以关注的是,本次调查结果中有 61.40% 的学生心理处于中等

焦虑水平,需要通过一定的心理健康教育活动,提高其心理健康水平,否则进一步发展就有可能形成严重的心理问题。此外,有 77 名学生(占 22.5%)甚至"总焦虑"倾向标准分在 35 分及以下,却有一项或两项内容量表的标准分大于 8 分,这表明他们在某些方面也存在一定程度的心理健康问题,如不及时加以关注和正面引导,也可能会发展成为更加严重的心理问题。本次调查还发现,心理健康状况的几项量表之间存在一定关联,如自责倾向量表的标准分偏高的同学,学习焦虑水平量表的标准分大多偏高,这种关联性有待进一步检验。

表1　被测学生 MHT 得分区间统计表

得分区间及内容量表	8 分以上		4 ~ 8 分		0 ~ 3 分	
	人数(人)	所占比例%	人数(人)	所占比例%	人数(人)	所占比例%
学习焦虑	158	46.19	139	40.64	45	13.16
对人焦虑	11	3.22	210	61.40	121	35.38
孤独倾向	7	2.05	92	26.90	243	71.05
自责倾向	9	2.63	258	75.44	75	21.93
过敏倾向	14	4.09	206	60.23	122	35.68
身体症状	21	6.14	185	54.09	136	39.77
恐怖倾向	1	0.29	133	33.04	228	66.67
冲动倾向	20	5.84	150	43.85	191	55.85

通过学生存在严重焦虑的前三项内容排列顺序依次为学习焦虑(有 158 人,占 46.19%),身体症状(有 21 人,占 6.14%),冲动倾向(有 20 人,占 5.84%)。这说明影响学生心理健康的主要因素是学习问题、环境适应及情绪问题。

同时我们对这些学生也进行情绪管理能力的测试,共计23 个项目,有 5 个维度(表2),1-5 级计分,总分越高表明情绪管理能力越强,各因子之间相关呈中度相关,因子内部呈高度相关,表明量表具有良好的信效度。

表 2　被测学生情绪管理能力各因子得分表

	认识自己的情绪	管理自己的情绪	自我激励	认识他人的情绪	他人管理情绪	总分
M	4.01	3.85	3.94	3.58	3.87	3.88
SD	0.80	0.87	0.87	0.99	0.97	0.70

因此,在本课题研究中,我们将通过家长的参与,对这些学生进行心理辅导的跟进,从情绪管理入手,从而降低焦虑水平以及恐怖、冲动等倾向,以表现艺术治疗的方法进行尝试和探究。

三　研究策略与结果

1. 探索在家庭心理咨询中可以利用的音乐治疗的团体治疗手段

通过调查发现,大部分中学生对音乐的刺激有特别的情感反应,他们不仅对于音乐有着一定的记忆能力,而且能在音乐领域中进行变通和创造,这证明音乐疗法是一种行之有效的方案。借以音乐为手段,可以表达和分享家庭成员的心中所感,创编家庭和谐之音,是维护家庭和谐沟通方法。本项目中采用的音乐疗法方案大致有:接受式音乐治疗、参与式音乐治疗、即兴演奏式音乐治疗和融合式音乐治疗。

【活动项目1】音乐知我心

音乐旋律和节奏不同的组合和变化,有助于聆听者宣泄被压抑的情绪或驱逐忧郁情绪的思想,使其忧郁的负向情绪得以转换成喜悦明快的情感。如:教师引导学生随心所欲的演奏,这个过程可以投射出学生的内心情感和心理症结;教师选择适宜的音乐,采用多种方式,邀请家长和学生同时参加到音乐活动中,如:歌曲演唱、律动模仿、器乐演奏、音乐游戏等,通过孩子和家长间互相配合协作,促进了双方的交流和合作精神,同时增进了相互的感情,培养了密切的亲子关系。

【案例1】

● 学生简况:在课题研究组结对的实施表现艺术治疗的学生中,小王是一名内心封闭、对外界缺乏关注和兴趣、难以与人沟通和交流的自闭症孩子。

● 采用策略:课题组决定用音乐的方式对其进行辅导治疗。

● 活动过程:研究组教师在对小王音乐治疗的过程中,将短小精练的乐曲和游戏巧妙地结合在一起,鼓励小王参与进音乐的表演当中。另外,还邀请了小王的家长共同参与团体合作的游戏辅导。在"彩带舞"游戏中,小王与父母拉着彩带的两端,在柔和的音乐中增进了双方的亲情。另外,伴着一些欢快的乐曲,如《摇呀摇,摇到外婆桥》、《小羊咩咩叫妈妈》等歌曲,小王还与父母进行了相互握手、拍手等带身体接触的情感交流。

● 活动效果:在音乐治疗中,小王极大地调动了他对音乐的兴趣和参与的热情,从而提高他对外界的参与意识和人际交往的能力。小王和他的家长在温馨的亲子互动的动作和舞蹈中,增进了亲情的交流,还大大加深了小王对伙伴和对亲人的情感。

2. 探索家庭心理咨询中可资利用的舞蹈治疗

舞蹈是一种理解世界、沟通你我、表达自己的方式。舞蹈治疗可以通过有节奏的动作帮助学生和家长去除肌肉的紧张,减低焦虑,提高活力,以此来帮助他们减轻心理压力,抒发心中的负面情绪。其中,通过自发性的动作帮助认识自己,对自己的情感建立信心,并最终充分地接受自我;通过创造性的动作激励个人化的表现,启发他们尝试新的思维方式和行为;通过家庭成员的群体动作可以帮助对方走出个人封闭,创造出强有力的家庭纽带,使彼此感受到与家人在一起的快乐。

【活动项目2】沟通圆舞曲

舞蹈治疗通常与音乐治疗相互配合。有些学生的心理困惑也许无法用简单的语言表达,心理教师引导他用肢体语言代替口语表达,引导学生消除紧张。通过舞蹈发泄不愉快或者是相互谅解,学会沟通的技巧,从而达到沟通无极限。

【案例2】

• 学生简况:在课题研究组结对的需艺术治疗的学生中,小奚是一名六年级的学生,她妈妈总是想要摆脱孩子,希望孩子早一点自立。

• 采用策略:在老师的建议下,妈妈和孩子一起来参加舞动治疗。

• 活动过程:在活动开始后,母女俩慢慢地走到一起,小奚想拉住妈妈,但妈妈的身体已经开始向另一个方向转动。活动结束后的分享会上,妈妈说自己想要离开孩子的束缚,孩子感受到妈妈的这种身体状态,担心妈妈会离开,有一种眩晕的感觉。于是老师让小奚用身体移动去找到这种感觉。她意识到这种感觉经常在梦中出现,梦中的她仰面往下坠落,这让她感受到,妈妈经常会用某些她并不舒服的方式迫使她快速成长。小奚的内心其实充满恐惧,好像会从妈妈的怀抱中跌落。

- 活动效果:在舞蹈治疗中,教师利用特定的音乐引导学生尝试运用身体动作的表现来代替语言表达,从而将其紧张、不愉快及侵犯性情绪通过舞动发泄出来。

3. 探索在家庭心理咨询中可资利用的戏剧治疗

戏剧治疗可以通过戏剧性的艺术形式,将个人、角色及他人之间的关系加以概念化,通过情感转移、投射、认同和模仿等手段,来促进个案的改变和转化。家长与孩子在自编自导的心理剧中,能妥善处理学生与家长交往中的负面情绪、日常生活学习中的负面情绪、心理压抑及困境。戏剧治疗的完结,带来的不是结束治疗的空虚,而是收获的喜悦。它不但协助中学生整合过去,亦为未来引路——怀抱希望与无限可能展开和谐家庭的未来旅程。

【活动项目3】校园心理剧

如:"考试之后",能比较直观地观察学生内心的冲突、紧张、矛盾、不满等,可以让孩子将与家长交往中的负面情绪、日常生活学习中的负面情绪、心理压抑及困境等予以宣泄;同时增加了家庭成员之间的亲密度,能营造家庭温暖、积极的气氛,为此后的家庭教育活动奠定基础。

【案例3】

- 学生简况:在课题组跟踪对象中有五位初三学生,他们在紧张的升学考试面前感受到了极大的学习压力。

- 采用策略:课题组决定用戏剧的方式对其进行辅导治疗,减轻心理压力。

- 活动过程:研究组教师运用了"上帝空椅"戏剧治疗方法。首先让五位初三学生在纸上写出自己在生活和学习上遇到的困难,例如考试的压力、作业的繁多、青春期早恋等等。随后将写有困难的纸标上序号,反贴在黑板上(使大家看不到纸上的内容),让五位学生随机抽取。另外,在讲台上摆两把椅子,成60度夹角。邀请一位学生让他一个人扮演两个角色,其中一个是上帝,另一个是有问题的学生,上帝要想办法帮助问题学生,尝试解决他的问题。教师让这位学生随机抽取黑板上的纸,抽到之后,开始利用空椅技术进行角色扮演。五位学生依次上台,进行上帝空椅的表演。最后在结束课前,五位学生谢幕,邀请其他观众进行分享,引导大家谈一谈看了他们的演出自己有什么感受和想法。学生们分享完毕后,教师进行总结,引出"天助自助者"的理念。

- 活动效果:这堂心理辅导课,运用戏剧疗法,适当调节了学生的学习压力,释放其焦虑情绪;使学生学会自我调节,掌控自身的命运;也使学生认识到压力与焦虑对自身的积极作用。

4. 视觉艺术治疗手段在本课题中的运用

绘画治疗是表达性艺术治疗的方法之一。方法是让绘画者透过绘画的创作过程,利用非语言工具,将混乱的心、不解的感受导入清晰、有趣的状态。可将潜意识内压抑的感情与冲突呈现出来,并且在绘画的过程中获得疏解与满足,而达到诊断与治疗的效果。可以在有限的空间(纸张)呈现完整的表现,画者可以客观的观看自己的作品。

在本项目中,我们除了进行绘画和沙盘治疗以外,还充分利用学校"麦秆画"特色项目和"花布情""巧手姑娘"等学生社团资源通过雕刻、拼贴、装饰等方法进行指导,借此达到帮助个人或小团体达到身心整合的目的。通过活动,参与者对作品产生情感上的共鸣,逐渐构建起相互信任、相互理解、相互支持的关系。

【活动项目4】冥想七彩色

视觉艺术治疗也是我们所运用的有效治疗手段。在本项目中,我们充分利用学校"麦秆画"特色项目和"花布情"、"巧手姑娘"等学生社团资源进行辅导工作,借此帮助学生达到身心整合的目的。通过"亲手制作"活动,参与者不仅明白了在作品制作过程中需要细心、耐心、用心、恒心等之外,还对自己的作品产生了情感上的共鸣,在这个过程中孩子可以抒发情感,表达反抗,满足想象和创造的欲望,发泄不满,学习自我表现和控制;特别是与家长一起手把手地共同完成一幅作品,进一步构建了亲子之间的相互信任、相互理解和相互支持的相融关系,借此展开了和谐家庭的未来旅程。

【案例4】

• 学生简况:在跟踪对象中有1名女生(小张)来自离异家庭,具有严重的叛逆倾向,与男生早恋,还在学校打架闹事,家长对其可以说是束手无策。

• 采用策略:课题组决定用绘画的方式对其进行辅导治疗。小张很高兴地接受了建议,并按照要求画了一幅"房—树—人"。

• 活动过程:作品完成后她告诉我们:画中三个人是一家,他们开开心心地在一起。从画面看出,小张对环境很敏感,内心有很强的不安全感,画中的场景是她天天都在盼望的。研究组教师将小张的情况分别告知了其父母,并邀请家长一起来参加接下来的绘画治疗。第二次,我们利用社区画社资源,在温馨的画社环境中,教师先带领小张重温了上次辅导的主题,让小张理解信手涂鸦在疏解情绪、倾听自我等方面的作用,巩固已取得的成果;然后让小张和父母合作,共同绘画了一幅"树"的主题画。在这幅画中仍然反射出小张比较紧张、愤怒的情绪,在引导小张进行了情绪宣泄后,用理想未来的方法引导小张想象10年后自己的样子。伴着舒缓的音乐,在父母的陪同下小张沉浸在对未来的想象中并把想象中的已经工作的自己画了出来,但从画面上显示出她对自己的理想状态的想象不够清晰,而且对于实现理想信心不足。于是又引导她与父母一起,作了一次职业畅想,让她在纸上写出自己最喜欢的五个职业,她很快就写出来了,然后要求她进行筛选直至留下一个,小张选择了当警察;然后又让她在纸上写下从事这个职业需要具备的能力和条件,然后带领她进行职业目标和现实状态的连接,让她懂得为了自己的理想应做好现在能做的事情。

• 活动效果:在整个活动的过程中,她体会到了父母的不容易,明白了虽然父母离异,但这并不影响自己与父母之间的亲情,父母依然爱她,她没有失去父母。

经过表现艺术疗法的实施之后,对参与本次测试的学生,我们就其情绪管理能力在辅导前后进行了前后测,结果(表3)表明在辅导前后,被试情绪管理能力各维度的得分均有提高,其中管理自己情绪的能力有了显著的提高,表明辅导有一定的效果。

表 3　被测学生辅导前后测差异表

	前测	后测	t	p
（M ± SD）	（M ± SD）			
认识自己的情绪	3.31 + 0.95	3.43 + 1.58	− 0.504	.617
管理自己的情绪	3.18 + 0.93	3.85 + 1.47	− 2.754	.009
自我激励	3.36 + 0.88	3.73 + 1.51	− 1.607	.115
认识他人的情绪	3.12 + 0.99	3.41 + 1.46	− 1.261	.214
他人情绪管理	3.34 + 1.02	3.63 + 1.26	− 1.425	.161
总分	3.28 + 0.70	3.31 + 1.65	− 0.114	.910

四　小结

在本项目研究过程中,由于各成员接受的关于心理学方面的教育背景有很大差别,研究进程中负责治疗活动项目设计和实施的老师因为工作调动离开了课题组,因此研究的质量可能与预期相比有一定差距,但是通过大家的齐心协力,我们在活动实施上采用了学生比较容易接受的方式进行辅导,取得了比较好的效果。

另外,项目中跟踪对象人数相对全校学生额来说只占本校有心理问题学生中的一部分。但是我们深信,通过此次研究,我们在学生家庭心理辅导的指导工作当中应该是拥有了一把不一样的金钥匙,在研究结束后的未来,我们将继续在实践中不断运用和深化,让"表现艺术治疗"能为家庭教育中语言类疗法提供方法的补充,让心理治疗在多元化的艺术氛围中,打开学生单调、闭塞的内心;在活动的体验、分享中,将家庭沟通置于艺术之中,开启家庭教育活动的新篇章。

参考文献：

【1】 王纬虹.《中小学心育论集》,西南师大出版社,2014 年 5 月.

【2】 陆雅青.《艺术治疗》,重庆大学出版社,2009 年 10 月.

【3】 周显宝.《身心健康之维——表现艺术治疗学的历史与哲学考略（上）》,武汉音乐学院学报,2012 年第 4 期.

图书在版编目（CIP）数据

科研的高地，心灵的家园/魏耀发，朱连云主编.
—上海：上海三联书店，2018.
ISBN 978 - 7 - 5426 - 6579 - 9

Ⅰ.①科…　Ⅱ.①魏…　②朱…　Ⅲ.①教育科学
—科学研究—研究成果　Ⅳ.①G40 - 03

中国版本图书馆 CIP 数据核字（2018）第 276241 号

科研的高地　心灵的家园

主　　编　魏耀发　朱连云

责任编辑　钱震华
装帧设计　陈益平

出版发行　上海三联书店
（200030）中国上海市漕溪北路 331 号
印　　刷　上海新文印刷厂

版　　次　2019 年 3 月第 1 版
印　　次　2019 年 3 月第 1 次印刷
开　　本　700×1000　1/16
字　　数　155 千字
印　　张　14.25
书　　号　ISBN 978 - 7 - 5426 - 6579 - 9/G·1516
定　　价　58.00 元